U0932272

董卿

这样说话更动人

夏左木 著

图书在版编目（C I P）数据

董卿：这样说话更动人 / 夏左木著 . -- 北京：九州出版社，2018.11

ISBN 978-7-5108-7731-5

Ⅰ . ①董… Ⅱ . ①夏… Ⅲ . ①语言艺术- 通俗读物
Ⅳ . ① H019-49

中国版本图书馆 CIP 数据核字（2018）第 289110 号

董卿：这样说话更动人

作　　者　夏左木 著
出版发行　九州出版社
地　　址　北京市西城区阜外大街甲 35 号 (100037)
发行电话　(010) 68992190/3/5/6
网　　址　www.jiuzhoupress.com
电子信箱　jiuzhou@jiuzhoupress.com
印　　刷　大厂回族自治县德诚印务有限公司
开　　本　710 毫米 × 1000 毫米 16 开
印　　张　15
字　　数　250 千字
版　　次　2019 年 2 月第 1 版
印　　次　2019 年 2 月第 1 次印刷
书　　号　ISBN 978-7-5108-7731-5
定　　价　39.80 元

前　言

近一两年来，董卿已经“刷屏”不止一两次了。大家说起董卿，想到的第一个词早已不再是“央视一姐”，而是“三次下跪采访老翻译家”，是“美人当以玉为骨，雪为肤，诗词为心”。但为什么偏偏是董卿？这个论美貌不是倾国倾城，论富有也非富甲一方的女子，究竟为何能得到大家众口一词的赞美呢？

有人说，因为她，还有她所说的话，都颇有格局。而我们也必须正视这样的现实：在生活中，那些语言表达能力强的人，往往都具有很好的人缘，与同事相处和睦，深受领导赏识，也更容易获得升迁的机会。正如美国人类行为科学研究者汤姆森所说：“发生在成功人士身上的奇迹，至少有一半是由口才创造的。”而本书正是以董卿的口才为基准，分别从 10 个角度出发，意在告诉大家，语言表达不仅是一件工具，还是一门真正的生活艺术。

作为一名主持人，董卿所说的每一句话，不仅仅是在展现自己的能力，还体现了一个人的修养。舞台上的董卿非常善于倾听别人、尊重别人。她知道，真正的教养，并不只是打扮得很得体，或是行为举止优雅端庄，也不是读过多少书或是多么有文化；而是在为人处世的时候，能把别人放在心上，换位思考，说一些暖心的话。

正因为如此，董卿在很多时候都把自己的姿态放得很低，把高贵藏在谦卑里。就拿前段时间她刷爆社交网络的“三次下跪”来说，在采访知名翻译家许渊冲老先生时，董卿为了照顾轮椅上的老人，她选择跪下倾听老人的言语，怀着恭敬的态度与他对视。一举一动之间，无一不让人觉得如沐春风。

再比如说，她从不随便打断别人讲话，非常有耐心，会主动和人拉家常，会跟评审开玩笑，跟观众互动，开心的时候会咯咯地笑，感动的时候会双眼噙泪。因为她的收放自如，所以说起话来总能给人一种亲切、真挚之感。

即使对方说话内容很多，或者由于情绪激动等原因，语言表达有些零散甚至混乱，董卿依旧会很耐心。当有选手由于紧张出现失误时，董卿还善于替选手解围，缓和僵局，令我们感受到了她的睿智和机敏。

况且，外貌出色的女人，虽然在一定程度上取得成功的机会都比较高。但是，天生具有倾城姿色的女人并不多，并且一个人的美貌终究会随着年华而老去，再美的容颜也终将随时间而远去，不老的只有她的才气。

所以，我们与其倾注于外貌，不妨注重下“内秀”。思维缜密、出口成章、表达准确，都属于“内秀”的范畴。董卿一直以来都非常注重自己的“内秀”，而这一切，都源于她拥有的广博知识。她一直都知道，那种不着边际的，没有什么实际意义的夸夸其谈并不是好口才。而女人有了才气，才能出口成章、妙语连珠、倾倒众人。

另外，董卿还是一位“感性女神”，而打动人心的也并非是她的光环，而是真情。比如在《朗读者》的录制中，有一次采访徐静蕾。提到自己的奶奶，徐静蕾有些哽咽，快说不下去了。如果是一个急功近利的主持人，这时候也许会追问她。但董卿当时什么也没说，只是静静地看着她，满眼的关切和理解。于是，徐静蕾缓了一下，接着说完了整个故事。那个片段，后来成了《朗读者》节目中最动人心的桥段之一。

不得不说，一个女子真正的优雅确实不是故作姿态就能装出来的，而是一种真诚、踏实的态度。这种态度是对人对事的不虚伪、不狡诈，是一个人性情、气质的自然流露。如果我们在与人交谈的时候，能像董卿一样，做到言辞优美，不卑不亢，说话有趣幽默，语言中略带矜持的话，相信我们也能尽显优雅，保持美丽。

这就是董卿的口才智慧，于犀利中不失分寸，于机智中不失风趣。本书以董卿的口才为中心，向读者奉送出她高超而富有技巧的说话之道。同样也告诉读者朋友，只要善于学习，每一个人都能成为口才高手和社交达人。

目 录

第三章

从容掌控全局，反应敏捷惊艳全场

第四章

言辞优美倾人心，有底蕴的女人魅力四射

第五章

不卑不亢陈述观点，你的温柔要带点锋芒

第六章

感性女神，打动人心的不是光环而是真情

第七章

说有趣的话，做有趣的女子

第八章

自信，底气源自于不断地刻苦练习

第九章

真正的说话高手，是让别人没有顾虑地敞开心扉

第十章

一颦一笑都让人如沐春风

第一章

暖心的表达，

真正的教养是把别人放在心上

1

倾听是尊重，更是一种内心的修养

“倾听”是一种“无言的赞美和恭维”。当一个人能够认真听别人说话的时候，是可以给人以满足感的。所以，看似非常简单的倾听，其实是现实中一种最好的尊重方式。如果我们能把倾听当作一种习惯，在真正了解对方的需求后再表达自己的观点，不仅可以赢得他人的尊重与信赖，还能给我们带来意想不到的收获。而董卿，恰好就是一个善于倾听的人。

很多人发现，董卿在主持节目的时候，经常在台上讲述选手参加比赛背后的小故事。这样亲切的介绍，不仅让选手的心里倍感温暖，也让观众更加全面地了解到选手不为人知的一面。

比如董卿在主持青歌赛时，一次，当来自广西集流行与原生态为一体的哈嚓多元化组合演唱完《月亮》后，董卿向观众介绍说：“这个组合可复杂了，他们当中有大学生、电工、钳工等，来自汉族、满族、瑶族、壮族等各民族，真比满汉全席还丰盛……”她的即兴解说，一下子拉近了选手与观众的距离，让选手们更加自信。

殊不知，在这些故事的背后，董卿需要做许多功课。每天下午彩排间隙，董卿都会抽空去采访选手，倾听他们的故事。这个时候，她就是一个最好的倾听者，倾听选手的喜怒哀乐，挖掘他们最感动人的瞬间。正是因为台下认真地倾听，才造就了台上拿着话筒淡定从容主持的董卿。

关于倾听的“倾”，很多人都以为是表示身体向前倾，以示自己的关爱和尊重。其实不然，或者说，只做这样的理解是不够的。倾听，应该是“用尽力量去听”。而对于“听”，古希腊先哲苏格拉底说：“上天赐人以两耳两目，但只有一口，欲使其多闻多见而少言。”寥寥数语，形象而深刻地说明了“听”的重要性。

一个有魅力的人一定是一个优秀的倾听者，而不是滔滔不绝、喋喋不休的人。

况且，倾听不仅仅是对别人的尊重，也是内心的修养。

就拿著名主持人柴静来说，她曾说过：“采访的时候，我总是习惯性地身体前倾。这是一种发自心灵的倾听姿态。倾听，我可以更贴近被访者的内心，新闻的背后是心灵。”

2008年北京奥运会上，柴静采访了那个拿着妻子照片登上领奖台的施泰纳。当时，柴静并没有使用什么采访技巧，而是选择了用心倾听对方的故事。正是这种方式，让施泰纳在短短20分钟的时间里，对从不相识的柴静打开了自己的心灵。

比如说起这张照片时，施泰纳兴奋地向柴静描述他拍那张照片的经过：“有一天，我和妻子一块在森林里面跑步的时候，我喊了一声妻子的名字，她回眸一笑，我就拍下了那一瞬间。”他说，那一瞬间就是他的幸福，他的一切。

他跟柴静说起自己怎么重返运动场的，他靠失去苏珊的恨，所以他要举起更多的重量。他还讲起自己在赢得金牌的那个夜晚，比任何时候都感觉到孤独。因为所有的人都离开，所有的媒体采访结束之后，他一个人躺在床上，最爱的人不在身边。他说比起金牌，更重要的是有一个家庭，有两个孩子，和自己爱的人过很幸福的生活。

柴静盯着他的眼睛认真地倾听，她听不懂他在说什么，但她从他的眼睛里面看到了他内心深处所有的颤抖。

美国CNN著名主持人拉里·金曾说过：“真正健谈的人不都表现在‘谈’上，也表现在会‘听’，听后能把握住要点，紧跟追问。”所以，他认为要做好访谈，首先要善于倾听，想要别人对自己感兴趣，就要先对人家感兴趣。只有仔细倾听，才能在恰当的时候做出恰当的回应。

当然，倾听并不只是让我们保持沉默，用耳朵听听就罢了。还要用心、用眼睛、用耳朵去听。比如，我们需要让自己先拥有一个良好的精神状态，以保证倾听的质量，避免在沟通的过程中显得萎靡不振。

然后，我们还需要及时用动作和表情给予对方“反馈”。比如适时地微笑、点头等，让交流更加的融洽；还要适时地提出一些问题，给讲话的人一种“请继续”的鼓励，帮助双方进行更好地沟通。

最关键的是，我们一定要有耐心。在别人没有表达完自己的意思时，更不要随

意打断对方的话语。要知道，每一次倾诉表达，都是封闭心扉的一次敞开，对方愿意与我们交谈，说出心里的秘密，更是出于一种依赖和信任。

而一个有修养的倾听者，就应该懂得认真关注对方，真诚倾听对方，在对方说话时，仔细揣摩，不顾左右而言他，给予足够的礼貌与尊重。

2

温柔细致的关心，最让人感动

著名小说家屠格涅夫曾说过：“假如能有一个女人，在一个地方关心着我，等着我归去吃饭的话，我将会放弃我所拥有的天赋及我的一切著作。”

不得不说，天生的温婉细腻，确实是上苍赋予女性最无坚不可摧的“武器”。无论何时，来自女性温柔细致的关心，都是世界上最容易让人感动的事情之一。不管她的身份是母亲、妻子、情人，还是同事，女性一句轻柔的关怀语，有时候甚至能让被关心的人铭记终生。而董卿，恰好拥有这种以柔克刚的“秘密武器”。

在青歌赛的一次比赛中，一位少数民族女选手头一回走上央视舞台，却没有获得理想的成绩。当时，女选手很难过，董卿温柔地对泪水汪汪的她说：“我能拥抱你一下吗？”当小姑娘和姐姐般温柔的董卿紧紧地拥抱在一起后，她破涕为笑。这个场景打动了现场所有观众，人们报以热烈的掌声。

此外，歌手阿普萨萨到央视录制节目时，也曾表示董卿是最令他感动的人。他讲道：“她很体贴，很会关心别人。在《直通春晚》最后一场比赛中，我的嗓子一直不舒服，她叫我尽量别说话，她说她会以自己的方式和评委解释，在后台对词的时候，她说了一堆，我只需要回答是或者不是就可以了。”

有人曾把天下女子分为两种：一种是“像男子”的女子，一种是“是女子”的女子。其中，“像男子”的女子被人们俗称为“母老虎”。而这种女子大多豆腐心刀子嘴，即便是出于好心关心别人，说出的话也会变个味道，属于“纸老虎”一类。

要知道，真正厉害、凶猛的女子，恰恰是温柔的。其中的“厉害”，就在于她的柔，她的善。就像老子有云：“夫不争，天下莫能与之争。”天地间至刚者，必为至柔。女子因其至柔，而成至刚。而温柔的语言，正是女子的“独门杀器”。古往今来，有多少英雄豪杰迷失于温柔之乡，而不惜自毁前途？像“冲冠一怒为红颜”，就是个典型的例子。

一个真正有个性的女人，从不会摈弃自己本身的温柔、善良等美好的特性。因为那不仅不会打造出有魅力的自己，相反会让人觉得虚伪、做作，甚至成了东施效颦。所以，作为一名现代女性，在保留自己独立个性的同时，别忘了留存那传统的温柔之美。

在采访河南电视台选送的 TNT 组合时，董卿问道：“我知道你们当中有一位是在今晚度过 21 岁的生日，是哪一位？”于是这位选手站了出来。

董卿接着说道：“你知道吗，今天在评委席上有两位评委也在今晚过生日，他们是梁宁和陈小奇。他们和你一样，为了这次大赛不能和家人团聚。但是这些天大家相处下来，就像是一家人一样融洽，就请三位选手清唱两句生日快乐歌来感谢评委的辛苦付出。”

祝福生日快乐的歌声像一股暖流融进每一个人的心中，台上台下沉浸在一片温馨之中。而董卿的温柔体贴和善解人意，更是令评委和观众感动不已。

温柔是女性独有的特点，也是女性的宝贵财富。所以，聪明的女子会处处显示自己温柔的特质去关心他人。如果我们希望自己更完美、更妩媚、更有魅力，就应该保持或挖掘自己身上最为女性所特有的温柔。像通情达理、温馨细致、富有同情心、具有亲和力等，这些细微之处，都能够充分体现出别人难以抗拒的温柔魅力。

比如当我们想要关心一个人时，要学会在不经意间记下关于对方的点滴不同。譬如说长辈，他们偶尔间的一句话或许就透露出一个他们所需要的关心；或者是同事，悄悄记住别人的生日，表达自己的祝福，这在什么时候都不会多余。

只要我们做一个留心观察、关注细节的人，我们的这种温柔就能让周围的人有一种特别的幸福与满足感。

3

朴素的语言，具有天然的芬芳

很多人都觉得，美的语言外表一定非常华丽，所以就用上许多形容词，刻意追求辞藻、字句雕琢。其实，这是对语言的一种误解。因为最美丽的语言，往往是非常朴素的。比如“池塘生春草”，比如“空梁落雁泥”，没有典故，没有藻饰，没有感叹号，更没有可有可无的字，却读之如在眼前，具有天然的芬芳。

况且，交流是我们生活中不可或缺的一部分，而朴素的语言，恰好是人们交流感情、互通信息的一种有效方法。通过直接、朴素、拉家常式的交流，很容易就拉近与朋友或者陌生人之间的距离，听到他们心里最真实的想法，帮助我们更深入地了解对方。而董卿，就是这样一个善于运用朴素的语言，并充满亲和力的女子。

董卿的主持风格表现为语言平实、至情至理。比如在主持青歌赛时，现场都是几十位评委正襟危坐，把比赛的气氛渲染得非常紧张，选手们普遍都能感到巨大的压力，稍有不慎就会被“晾”在舞台上。

这时的董卿，总是以朴实的话语，与选手零距离亲切交流，她以睿智和幽默，或让现场气氛活跃起来，或让选手破涕为笑。许多观众认为，董卿已成为青歌赛一道美“景”。

比如有一次，一名来自陕西的原生态唱法选手李光明为观众献上了一曲《上一道坡坡下一道道梁》。虽然选手唱得很投入，但因为缺乏技巧，并且综合素质没得分，最后只获得了84.50的较低分。这个成绩让李光明颇为沮丧，现场的气氛也有点“冷”。

这时，董卿便和他聊了起来，当她得知小伙子30岁了还没媳妇时，不禁瞪大了眼睛，为这个憨厚的小伙着急起来……这虽然只是个小插曲，但她朴素的语言却让李光明觉得心里暖暖的，并露出了灿烂的笑容。

董卿采用的主持方式，通常是围绕中国人的今昔变化设计话题，内容富有生活

气息，亲切自然，主持更是轻松幽默，能够拉近与观众的距离。而她与选手交谈的内容，大多也是围绕普通人的衣食住行展开，说说过去，谈谈今天，没有枯燥的说理，一切都是娓娓道来的朴素语言。而她的这种亲和自然，却也是节目成功不可缺少的因素。所以我们才会说，朴素的语言才是美的、充满芬芳的。

著名演员李雪健因主演《焦裕禄》的主角焦裕禄，而同获“金鸡”“百花”两大奖的“最佳男主角”。站在领奖台上，李雪健在发表他的获奖感言时这样说：“苦和累都让一个好人——焦裕禄受了；名和利都让一个傻小子——李雪健得了。”话音刚落，现场观众都因他真诚而朴素的语言，给予了热烈的掌声。

与李雪健的讲话方式有异曲同工之妙的是一位厂长，在他上任第一天，他就对员工们说：“我来当厂长，打心眼儿里高兴！但厂长不好当，担子重啊！从现在起，我给大家交个底儿，我不想干两件事就‘捞一把’，非跟大伙儿一块儿干出个样来不可，好比一根绳子上拴着的俩蚂蚱，飞不了你们，也跑不了我……”

许多员工听后，都在台下悄悄地说道：“这个厂长挺实在……”“厂长是个老实人，跟着这样的厂长干，心里踏实……”

故事中的两个人都是用了寥寥数语，就获得了人心。由此可见，真诚的语言虽然是朴实无华的，却也是最感人的。

当然，即便语言朴实，也并不等于我们就要将自己的感觉和想法不假思索地说出来。在日常生活中，像那些自诩为懂得说话艺术、从不把话说满的人，反而会给人留下耍小聪明、不真诚的印象。

说话时只要能很准确、清晰地表达自己的思想就行了，并且语言越通俗易懂越好，这样才能让对方更好地理解我们想要表达的意思。

婉拒是一道善意的门缝

生活中有很多话“只可意会，不可言传”，就是指说话的人不把所说的意思完全表达出来，而是靠对方发挥自己的想象力，去揣摩语言的意思。这样的说话方式，也能为许多内容增添说话的魅力和趣味性。

作为春晚杀出来的一匹“黑马”，董卿在每一次登台之前，都会做足功课，避免出现突发状况。

一次，她应邀去上海主持以“全球侨胞世博情”为主题的解放日报报业集团第34届文化讲坛。讲坛前夜，原本安排了宴请和专访，但董卿却委婉地拒绝，表示自己还需要做许多准备。

因为她的话说得委婉，所以主办方会意地表示理解，并对她的敬业表示赞赏。

当我们想要拒绝别人时，如果既想要表达出自己的观点，又不想伤害到对方的自尊心，就需要用委婉的表达方式。

这里的委婉，指的是不直言其事，故意把话说得很含蓄、婉转一些，只要让对方心领神会即可。这是语言的一种软化艺术，可以使人与人之间的关系更加融洽、和谐，不会发生一些不愉快的对话。

比如，生活中有许多人说话都喜欢“直言直语”。这种人在说话时常常只看得到现象或问题，也只考虑到自己的“不吐不快”，而不去考虑别人的立场、观点、性格等。这种话有可能是一派胡言，但也有可能鞭辟入里。

但是，当一个人听到我们一派胡言的“直言直语”后，即便对方明知所指，可能也不好发作，只好闷在心里；而鞭辟入里的“直言直语”，则因为直指核心，让对方不得不激活“自卫系统”，一旦对方招架不住，恐怕就要怀恨在心了。

所以，无论是对人，还是对事的“直言直语”，都会让人受不了。于是，双方

的人际关系就会出现阻碍。这种时候，别人可能宁可离我们远远的，也要避免一不小心就要承受我们的“直言直语”。而那些不能主动远离我们的人，很可能就会想办法把我们赶走，眼不见心不烦。

所以，在人际交往中，我们需要慎重使用“直言直语”这把双刃剑。与之相对的，学会委婉的表达方式，则有助于人际交往的和谐发展。

苏苏是一名大学在校生，她所住的寝室是6人间，但目前只住了5个人，还有一张床空着。有个要好的同学想搬到她们寝室来，但苏苏却不太愿意，因为空着的那张床可以放很多东西，如果有新人进来，这些东西就得重新规整，并且人一多，事儿肯定也会多。

为了不把彼此的关系弄僵，她说：“我需要征求下其他人的意见。”同学欣然答应。跟室友商量后，其他人也希望苏苏能拒绝这件事，说再多一个人就显得太挤了。但拒绝了几次之后，却没能顺利拒绝掉。

比如她说：“我们寝室的人都是欢迎你的，只是我们的东西太多了，而且都放得乱七八糟的，寝室里已经很拥挤了。”同学却说：“没关系，我来了帮你们把东西顺一顺。”

就这样，同学最后还是搬到了这个寝室。结果，几个女孩子相处得非常好。同学是那种热情直爽的性子，并且给大家带来了很多快乐。大家私下里都说：“多亏了当初咱们说话比较委婉，给对方留下了一道善意的门缝，才让对方的诚意顺利推开了这扇门。”

不得不说，无论是什么样的拒绝方式，对很多人来说，这真的是一件不容易做到的事情，一个不好，很可能就会“反目成仇”。那么，究竟该如何委婉地拒绝别人呢？

一般情况下，对于只有一面或几面之交的朋友，我们在拒绝的时候可能不会想太多，有个适合的理由就能做到。但如果是很熟的朋友，就算是委婉拒绝，有时也很难把问题说清楚。这个时候，说话最好多留余地，避免对方觉得我们是在找借口。比如说：“你知道的，我不喜欢这样，又何必勉强呢？”

想要学会委婉地拒绝别人，我们用下面这几种方法，可以使表达更加含蓄易懂。

比如我们可以先仔细想想事物之间的联系，并运用同义词的方法表达出自己的观点，以达到含蓄的效果。

其次，最好不要明说一些事情，而是给出一个范围加以暗示，让对方自己去揣摩思考。另外，我们还可以用笼统概括性的语言说出自己的想法，或者从侧面回答对方的问题，以达到含蓄表达的效果。

除此之外，我们还要注意的是，这种委婉暗示性的拒绝语言，并不等于是晦涩难懂的语言。这种软化的技巧，要建立在大家都能听懂的基础之上才行，否则，就会导致事倍功半。

5

语带感恩，让内心明媚温暖

美国潜能开发大师安东尼·罗宾曾说过：“成功的第一步就是先存有一颗感恩的心，时时对自己的现状心存感激，同时也要对别人为你所做的一切怀有敬意和感恩之情。”感恩是三月的天街小雨，可以使最冷漠的人感到暖意萌发；感恩是六月的映日荷花，可以赋予心灵这片池塘勃勃生机；感恩是腊月凌寒独放的雪梅，可以使我们的品格得到锤炼升华。感恩，是一个人最基本的道德修养和幸福的源泉。如果我们能在语言中融入感恩，内心必然会明媚温暖。

很多人都说，董卿是一个充满感恩之心的女子。比如，她曾因为一期《我要上春晚》录制得不理想，而自我检讨许久。因为她一直觉得“等到别人都觉得你有问题的时候，就来不及了”。

用董卿的话说，自己对舞台和观众一直心存感恩，之所以要坚守这份认真与苛刻。她曾心怀感恩地说：“我只因太害怕辜负了观众，辜负了这个舞台。”为了“不辜负”这个舞台，她时刻做着准备。“一个是长期的准备，比如看书读报，积累知识，使自己成为一个品格和趣味高尚的人；一个是短期准备，就是在接到任务后拼尽全力。”

而且，她也渴望自己能带给观众一些启示，能说出一两句话，在观众心里长久停留。

当我们能时时用感恩的心来看这个世间，说出带有感恩的语言，就会觉得这个世界很可爱、很富有！树上小鸟的轻唱、太阳无私的光明与热能、路旁花朵的芬芳，都会令我们心旷神怡。

正如世界科学巨匠霍金说的：“我的手还能活动，我的大脑还能思维，我有终生追求的理想，我有爱我和我爱着的亲人与朋友，对了，我还有一颗感恩的心……”

有谁能想到，这位在轮椅上生活了三十余年的人，竟然可以说出如此豁达而美妙的话。而这，很大程度上都源于他有一颗感恩的心。

而且，感恩虽然是美德中最微小的，却也是最伟大的。它能让一个人的灵魂更加的健康。学会感恩，并时刻感谢那些陪伴我们走过失落的日子的人；感谢那些在我们无聊的时候，听我们说废话的人；感谢在我们无助的时候帮了我们的人，感谢所有路过我们生命的人。正是因为有了他们，我们的生活才如此丰富多彩。

2015年12月7日，《杨澜访谈录》在北京尤伦斯艺术中心举办为期三天的15周年特展。活动以“触摸Touch”为主题，回顾了节目走过的15年历程。

说起过去的15年，杨澜语带感恩，并表示极有意义。比如在2001年和2015年，杨澜两次代表北京做申奥陈述，她对此表示深感荣幸。而在这15年中，每个人都发生了很大的变化，同时也见证了中国和世界的改变。

杨澜说，节目之所以成功，很大程度上离不开她的家人的支持。所以，她非常感激自已的家人。

另外，因为自己工作忙碌，所以在家庭生活上父母和丈夫的理解，也让杨澜十分感恩。“出差时我父母帮我接孩子放学，督促他们养成很好的习惯，两个孩子也很争气，小学之后都是独立完成自己的学业，不用我操心。而且我先生居然会容忍一个一个月差不多有七天在出差的太太，从来不做饭，经常他需要的时候我还在外面工作，他还真挺了不起的。”

杨澜表示，2015年正好是跟丈夫结婚20周年。“那天我跟他说谢谢你担待了这么多年，马克·吐温写的一句话特别好：爱情是快速奔跑，婚姻是慢慢成长。”感恩的语言，让我们看到了这个女子知性温暖的一面。

生活中，我们一直在接受着各种恩惠。比如从我们出生的那一刻起，就接受了父母的生育之恩；随着我们逐渐长大，父母也在不断付出养育之恩；等到上学后，我们又开始领受老师的教育之恩；进入岗位，还有领导、同事的关怀之恩；而当我们遇到危难的时刻，更有朋友向我们伸出援助之手，带我们摆脱困境。这些点点滴滴的恩情，终将汇成感恩的长河，在我们的一生中奔流不息。

更何况，一个懂得感恩的人也许未必有能力获得成功，但这样一个人一定具备

优秀的品质。因为心存感恩，他就会自觉自愿地帮助别人，以助人为乐。而这样的人，无论他走到哪里，别人也会乐意同他相处、交往。

所以，我们要做一个懂得感恩的人。不仅要心怀感恩，更应该把自己的感恩直言说出来，让别人知道自己的所作所为是值得的。如此，我们的内心才会明媚、温暖、幸福、快乐！

具体的赞美，才能甜到对方心里去

英国著名哲学家培根说：“即使是真诚的赞美，也必须恰如其分。”这里所说的“恰如其分”，就是指赞美别人要具体、确切，避免空泛、含混。因为我们在赞美一个人的时候，总是需要理由的，而赞美得越具体明确，就越能让人感受到我们的真诚，其有效性也就越高。与之相对的，空泛、含混的赞美由于没有明确的理由，经常让人觉得难以接受。所以，赞美别人要具体。

在一期《可凡倾听》上，董卿和各界名流齐聚一堂，和大家一起分享节目的幕后故事。其中，董卿在称赞曹可凡时，就列举了许多具体的事例来证明。她说：“他不开车、不喝酒、不抽烟，到现在虽然已经出了五六本书，但还是习惯用笔和纸来写作，甚至外出消费习惯用现金，而不是用信用卡。”

很多人在赞扬别人的时候，语言都显得简单空洞，很难让对方开心，也很难让对方留下深刻印象。比如男生对女生说：“你今天很漂亮。”女生估计就会觉得这话过于敷衍了。但如果男生对女生说：“你今天穿的衣服很适合你，黑色上衣显瘦，衣服略短显得你腿长，而这颜色的搭配显得你更有活力和朝气。”那女生就会很开心，觉得对方有眼光。

又比如，我们对同事说：“你工作真努力，好勤奋。”对方听到这话估计只会呵呵一笑，但如果我们对同事说：“你每天都提前15分钟来上班，又经常加班到晚上八点，真的好勤奋。我一定要好好向您学习。”相信对方心里就会暗暗得意了。

所以说，赞美必须要具体，这样的话会显得我们有诚意，会让对方觉得我们懂他。如果没有具体的赞美，只是含含糊糊一个词，别人可能就会认为我们是在敷衍，拍马屁。就像当我们想要赞美一个人漂亮、能干、善良等优点时，就要具体到事。比如赞美对方能干，来一句“这么麻烦的设计图你一天就设计好了，太能干了”，肯定很暖心。

因此，在人际交往中，要想使我们的赞美效果倍增，就要学会具体化赞美，也就是在赞美时具体而详细地说出对方值得赞美的地方。这样既能让对方感受到我们的真诚，又能让我们的赞美深入人心。

一位先生带着自己的妻子和翻译去和一位外商洽谈生意。外商见到这位先生的妻子后，不由得开口夸赞道："您的夫人真是太漂亮了！"他马上用中国特有的传统方式，谦虚地回答："哪里，哪里！"

翻译一听这话，不免有点慌了神，因为他不知该如何准确地表达"哪里，哪里"这个词。由于一时难以找到合适的词汇，他只好根据字面意思翻译成："Where, where！"

外商一听，虽然不明白为什么对方一定要问漂亮在哪里，但还是笑着说："您夫人的眼睛漂亮，鼻子漂亮，身材好，气质好……"

说完，大家都不禁哈哈大笑起来，业务洽谈也在轻松愉快的气氛中开始了。

这虽然只是一则小笑话，却给了我们深刻的启示：当我们赞美别人的时候，一定要先在心里问自己一个"哪里"，知道对方漂亮在哪里、好在哪里、出色在哪里……然后再针对这个"哪里"予以回答。这样的赞美，才能显得具体而生动，深深感染和触动对方的心灵，进而赢得对方的好感。

为了让具体化的赞美能更好地发挥功效，我们可以从以下几个方面入手：

首先，我们可以通过对方的具体部位进行赞美。比如赞美别人的外表，我们就可以从对方的相貌、身材、发型、气质、服饰等方面寻找具体的闪光点，然后予以恰当的赞美。比如赞美一位女士："你的眼睛妩媚动人、皮肤白皙、身材高挑，真是美女中的佼佼者啊！"

其次，我们在赞美一个人的外表时，如果能结合某个名人进行比较，指出对方的整体或某个部位像某位名人，往往能让对方产生一种受宠若惊的感觉，使赞美的效果更好。

最后，我们在赞美别人时，还可以具体引申到对对方性格、品位、才华、眼光等方面的赞美。比如我们在称赞朋友新装修的房子时，直接说"这房子装得不错"，

效果肯定不如“这地板的颜色真不错，显得特别浪漫和温馨；墙面的颜色也很好，显得简约大方”。

总之，我们不仅要学会赞美别人，还要学会把赞美放在具体的点上。因为喜欢听赞美是每个人的天性，通过这种具体的赞美，人们会感到自尊、自信和荣誉感的提升。而且，学会具体地赞美别人，还有助于自己人格魅力的提升，有助于被大家接受、喜欢，进而可能帮助我们成功。

7

学会站在别人的角度说话

说话是一门艺术，面对同一件事，只要我们从不同的角度去看，就会产生不同的感觉，进而说出不同的话。

比如窗子开着，与其说："你难道不冷吗？为什么不关窗子？"不如说："我怕你会冷，把窗子关上吧！"孩子爬得很高，与其说："你要死啊？赶快给我下来！"不如说："宝贝！那样危险，你不怕，妈妈会怕，快下来吧！"朋友在车里吸烟，与其说："我受不了了，你赶快把烟熄灭掉。"不如说："少抽一根吧！尤其在车里抽，对你身体很不好。"只要我们能站在对方的角度观察问题，换一种表达方式，我们就能把话说得更加暖心。

董卿在采访许渊冲老先生时，为了能和老人更好地交谈，她做出了三次跪地的动作。为此，网友们看后纷纷对她表示称赞，说她是"最暖心的主持人"。

更有细心的网友发现，这并不是董卿第一次跪地采访。比如在2013年的公安部春晚上，董卿在采访坐在轮椅上的"90后最美铁警"李博亚时，也曾单膝跪地和他交谈。而在《朗读者》节目中遇到身体不便的嘉宾时，她同样会选择跪地与他们进行交流。

在董卿看来，如果自己处于被采访者的角度，那自己站起来说话的方式，很容易给人一种高高在上的感觉。而跪着说话，却能够让自己和他人进行很好的心灵交流。

说话，是一个传递信息的过程，能够有效提高我们的语言表达能力。而把话说好，不仅关系到我们能否准确、流畅地表达自己的思想，还在于我们所表达的思想、信息，能否被听众所接受并产生共鸣。

比如富兰克林在自传中写了这样一段话："我在约束自己言行的时候，在使我日趋成熟，日趋合乎情理的时候，我曾经有一张言行约束检查表。当初那张表上只

列着十二项美德，后来，有一位朋友告诉我，我有些骄傲，这种骄傲经常在谈话中表现出来，使人觉得盛气凌人。于是，我立刻注意到这位友人给我的忠告，并且相信这样足以影响我的发展前途。随后我在表上特别列上虚心一项，以专门注意我所说的话。现在，我竭力避免一切直接触犯或伤害别人情感的话，甚至禁止使用一切确定的词句，如‘当然’‘一定’等，而用‘也许’‘我想’来代替。”

由此可以看出，想要把话说好，还是有一定技巧的。而它的关键就在于，我们能否学会站在别人的角度看待问题，并打动对方的心。

王苹是深圳的电车模范售票员，她不但具有全心全意为乘客服务的热情，还有暖人肺腑的语言。好的说话方式，让她很容易打动乘客的心，使她在平凡的工作岗位上创造了不平凡的业绩。那她是怎么跟乘客说话的呢？

一天，车上的乘客很多，有位抱小孩的妇女好不容易挤上来，歪歪扭扭地站着。王苹像往常一样，对乘客们说：“哪位同志给这位抱小孩的女同志让个座儿。”这话她连讲了两次，依然无人响应。

王苹并没有着急，她站了起来，用期待的眼光看了看靠窗的几个小伙子，提高嗓音说：“抱小孩的那位女同志，请您往里走，靠窗坐的几位小伙子都想给您让座儿，可就是没有看见您。”

话音刚落，几个小伙儿都不约而同地站起来让座。女同志坐下以后，光顾着喘气定神，忘记向让座的人道谢，对方有点儿不高兴。王苹看在眼里，忙中偷闲逗着小孩说：“小朋友，叔叔给你让了座儿，你还不谢谢叔叔。”一语提醒那位妇女，连忙拍着孩子说：“快谢谢叔叔，快谢谢叔叔。”听到“谢谢叔叔”时，小伙子连声说：“不客气。”

不过是几句平常的话，为什么会产生这么大的魔力呢？因为王苹非常了解人们的自尊心，正因为充分理解人们的自尊心，她才能把话说到人家的心窝里。

就像美国著名哲学家詹姆斯所说：“人类天性的至深本质就是渴求为人所重视。”其实从某种意义来说，人类正是凭着这种寻求自尊的激情，才造就了古往今来许多的丰功伟绩，比如古老的长城，再比如现代的宇宙飞船。

所以，我们与人说话时，想要把话说到对方的心窝里，获得“心有灵犀一点通”

的效果，就要理解对方的合理需要，爱护人们的自尊心。要做到这一点，我们在说话的时候就要注意“转换角度”，即善于“站到对方的立场上，从对方的观点来观察问题，如同用你的观点一样”。

而在日常社交中，想要真正地做到站在别人的角度说话，首先就要培养能够替别人着想的心胸。只有这样，我们才能逐渐让语言成为塑造自我、成就自我，并惠及他人的暖心工具。我们的内心，会因此而变得越来越敞亮、温润。

第二章

放低姿态，

谦卑里藏着高贵

1

最优雅的姿态是尊重

我们曾无数次夸赞别人漂亮、优秀、有气质……但是，很难想象一个隔着屏幕看到的女子，就那样出现在那里，或认真聆听，或娓娓道来，就让人觉得美到令人震撼。尤其是她藏在谦卑里的高贵，更让人看到一种最优雅的姿态。

2017年9月3日，“董卿跪地采访”的微博成为了热搜。而这段被反复播放的“董卿三分钟三次下跪”的视频，来源于9月1日一档《开学第一节课》的电视节目。

节目中，董卿一袭白色修身鱼尾裙，得体而美好，没有半点锋芒。已经从事翻译工作70多年的翻译大师许渊冲老先生，依然思维敏捷、声音洪亮。从说话的内容和笑容中，足以让我们看到老人丰富的情感。

而在董卿采访已经96岁的老先生时，为了能更好地与老人进行交流，与老先生保持平视、仰视的角度，听对方讲述翻译事业的故事，她选择了跪地的动作。正是这个姿势，被网友们称为“跪出了最美的中华骄傲”。

第一次，是董卿向孩子们介绍老人小时候的英语水平时，她跪在老人身边，带着崇拜又尊敬的眼神向老人提问；第二次，是董卿和老人谈论到老人的工作时，老人刚要仰起头回答，她立刻单膝跪下，与老人保持平视；第三次，是谈到老人每天晚上都要读一篇莎士比亚的作品时，她带着关切又有点心疼的语气问老人晚上几点睡觉。

跪下去的是身子，站起来的是灵魂。这三次不经意的下跪动作，让观众对董卿大加赞赏，对她的职业素养和品格倍感钦佩。而在这三次下跪的动作中，我们也看到了董卿对老人的尊重，以及最优雅的姿态。

而且，不仅是老人，董卿在面对军人、小孩和残疾人的时候，都敢于屈身。这不是夸张的捧，更不是刻意的技巧。而是一种融入骨髓的优雅特质，是把别人放在

心上自然流露出来的尊重体现。

不得不说，如果我们继续用“漂亮”这个词来形容董卿，已经太浅了。该怎么说呢？就像有人对她的评价：“有魅力不风情，有学识不卖弄，有涵养不矫情，不姿态不摆谱。”那真的是值得用心去体悟的温润成熟。

由此可见，真正的尊重其实是一种平等，一种不卑不亢、不仰望不俯视的态度。而层次越高的人，越能明白尊重意味着什么。董卿明白，所以她更显高贵和优雅。

另外，一个能够尊重别人的人，往往语言上也会显得热情。比如在谈话时做出积极的反应，向对方报以点头、微笑、手势等“反馈”。这样就能出现心与心的相撞，情与感的交融，使双方显得更加亲切、自然。

柴静在采访“武汉市杰出进城务工青年”徐月英时，对方作为一家大型饭店的执行经理，把对客户的应酬也习惯性地用在了采访上，始终带着微笑且客气的面孔。对此，柴静并没有单刀直入，而是先放低自己的姿态和她拉起了家常。

柴：你现在家住哪里？

徐：在汉口范湖。

柴：每天从汉口赶到武昌上班得一个多小时吧？

徐：是啊。

柴：我也是这样，桥上经常堵车，夏季就容易中暑。天天这样也是够辛苦的。

徐：是啊。

柴：听说你还有个孩子，累了一天回去还要照顾孩子。孩子多大？

徐：5 岁。

柴：挺可爱吧？

徐：小家伙挺聪明。有天回去累了，小孩说“妈妈，妈妈，你累了，我帮你捶捶背”，说着，一双小手就捶了上来。哎呀，孩子一撒娇什么累啊、苦啊都忘了。

就这样，徐月英的脸部表情慢慢松弛下来，气氛变得轻松和谐，采访自然顺利完成了。名人尚且如此，我们更应该这样。在该弯腰的时候弯腰，该放低姿态的时候不倨傲，即便胸中有千秋万壑，也应内敛从容、谦卑待人。

想要达到这种要求，真正做到尊重他人，我们就要善于站在对方的角度，感同身受，推己及人。还要学会欣赏和接纳，由衷地欣赏和赞美别人的优点、长处，允许别人有超越自己的地方，对别人与自己不同的地方，不排斥，不藐视。更要学会尊重别人的缺陷和缺点，做到不取笑、不歧视。

在尊重别人的同时，我们的亲和力也将感染到周围的人。而在社交场合中，有亲和力的女人会更富有人缘魅力，因为她让别人感觉面善，相处起来舒服、自然，所以总能营造出一种和谐的交际氛围。同样，也会给别人留下随和的好印象。

2

练就没有“距离感”的笑容

世界名模辛迪·克劳馥曾说过：“女人出门时若忘了化妆，最好的补救方法便是亮出你的微笑。”因为在人际交往中，亲切的笑容就像一张有情无言的名片，可以帮助我们施展亲和力的“开场白”，开启成功交际的金钥匙。

况且，女人甜美的微笑透出的是宽容，是善意，是温柔，是爱意，更是自信和力量。亲切的笑容使人赏心悦目、开朗心情、惬意舒坦。无论亲密或生疏，只要粲然一笑，世界都会向我们敞开温暖的怀抱。

我们都知道，对于主持人来说，亲和力是少不了的一项要求。而被同行戏称为“上海开花，北京结果”的董卿，正是以其落落大方、充满亲和力的甜美微笑，赢得了选手的信赖，也征服了广大观众。

但是，董卿却曾透露，自己初到北京时总给人一种“距离感”，这让她很是困惑。她说：“我到了北京后，很多朋友就来问我，‘你是不是上海人？’我就问他们，为什么会看出来，他们说，‘上海女孩总是给人一种距离感，哪怕是微笑的时候，笑容里也有一种距离感。’说了之后，我也注意了一下，觉得确实是这样。”为了改变这种现象，董卿开始主动和人拉家常，渐渐练就了没有“距离感”的笑容。

“生活中，我不属于特别爱笑的。舞台上我爱笑，很多人也很喜欢我的笑容，觉得很真诚。我心甘情愿地把这个最好的、最美的我，留给观众，这不是虚伪，站在舞台我就很开心。非常享受工作的感觉，有时心情不愉快，但上了台就全忘了。”董卿说。

朱自清先生曾这样描述过女性：“女人有她温柔的空气，如听萧声，如嗅玫瑰，如水似蜜，如烟似雾，笼罩着我们，她的一举步，一伸腰，一掠发，一转眼，都如蜜在流，水在荡……女人的微笑是半开的花朵，里面流溢着诗与画，还有无声的音乐。”

由此可见，亲和力的笑容确实是我们通向另一个人内心最短的道路。尤其是女子温和的笑容，犹如桃花初绽，涟漪乍起，总能带给人温馨随和之感。如果女子在各种场合都能恰如其分地运用笑容，那无论是传递情感、沟通心灵，还是征服对手，都将不是问题。

因为无论是我们的客户还是朋友，甚至是初次见面的陌生人，只要我们露出亲切的笑容，对方都会下意识放下戒备，主动与我们沟通交谈。所以说，一个女人脸上亲切的笑容，比那些昂贵的脂粉更能透出她的魅力。

周涛同样是人们非常喜欢的央视女主持人之一。她美丽大方、端庄典雅、声音甜美、反应灵敏，拿起话筒来总是笑语盈盈。而除了主持人的身份之外，周涛还是全国政协委员。

在 2014 年举行两会期间，许多新闻工作者和央视主持人委员都出席了会议。精致的发型、优雅的妆容、干练的服饰，这些熟悉的美女主播无不透露出一种成熟女性的魅力。

而在众多美女主持人中，网友纷纷表示“周涛最美”，因为她神情轻松，笑得最甜美，最没有距离感。

脸上挂满微笑的女性，能够自然而然地显现出她高贵的气质。因为亲切的微笑会让别人感受到我们的友好和优雅，而不会令人觉得高傲和生涩。面对不同的场合、不同的情况，如果都能用微笑来接纳对方，可以反映出我们良好的修养和挚诚的胸怀。而这种诚挚的感受，会让我们获得比自己想象中还要多得多的美好情感。

那么，我们该如何增加自己颇具亲和力的笑容呢？

有人说，国际标准的笑要露出 8 颗牙齿，其实不然。具有亲和力的笑容一定是发自内心的，而不是只依靠几颗牙齿就能衡量的。当然，在一般社交场合中，露出牙齿的笑容确实会让人感觉更亲切一些，而露出牙齿，打开牙关的笑也会感觉比较自然。

微笑的最高境界是“眼神笑”，所以，增加亲和力的第二个秘诀，就是学会用眼神传情达意。当我们与别人交流的时候，眼神应该柔和，用眼睛的正中去平视对方，才能显示出自己的亲和力。

如果我们想练就这种笑容，不妨对着镜子，嘴角微微向两边牵动，眼中由心充满喜悦之情，面部肌肉柔和而放松，然后不断调整嘴角牵动的幅度，就能找到自己最得体、最亲切、最自然的笑容和面部表情。

无“距离感”的笑容可以通过学习和训练练成，但不能伪装。因为最感人和最动人的笑容，一定是发自内心的，源自心灵深处，是真挚和真实的。如果我们在面对别人的时候，勉强挤出一丝笑意，肯定会让人觉得虚假做作。

3

主动和人拉家常

很多人都有这样的苦恼：别人谈天说地，聊得热火朝天，自己却不知该说些什么，只能保持“高冷”的姿态。想改变？很简单，主动和对方拉拉家常就行了。

拉家常，是人们交流感情、互通信息的一种有效方法。通过这种方式，有利于拉近与朋友或陌生人的距离，从而听到他们心里最真实的想法，帮助我们更深入地了解对方。董卿在主持节目的时候就经常跟选手拉家常。她会跟评审开玩笑，跟观众互动，开心的时候会咯咯地笑，感动的时候会双眼噙泪。因为她的收放自如，总能给人一种亲切、真挚之感。

成名于主持央视青歌赛的董卿，在主持青歌赛时，她所在的演唱环节通常都不会出什么意外。

因为在这个时间段，董卿总会和选手站在一起，要么帮选手解围，要么和选手唠唠家长里短。她问得贴心，选手答得自然，评委笑了，观众鼓掌，选手们就在这种轻松愉悦的氛围中“渡过难关”。董卿的亲和自然在节目中发挥得淋漓尽致，也是节目成功不可或缺的因素之一。

所谓的拉家常，最重要的是“拉”，关键点是“家”，可贵的是“常”。拉来拉去，距离拉近了，隔阂化解了。而在这样的嘘寒问暖中，拉出的更是让人暖心的亲切。在拉家常的时候，一般都是以对方为话题的中心，比如我们可以试着多谈谈对方的家乡、工作和孩子等，让对方有话可说。

与人拉家常可以营造一种融洽的气氛，从而拉近我们与谈话者之间的距离。就比如说新闻采访，被采访的对象千差万别，有的很容易调动情绪，有的却很拘谨。

魏凌洁是湖北广播电视总台第二届十佳主持人。2000年至今，她已经担当了

许多大型节目的主持工作，如《湖北新闻》《调解现场》《天天汇报》《故事中国》等。

其中，民生类新闻关注的都是老百姓身边发生的事，需要随时替老百姓分忧，为老百姓说话。所以，每当遇到谁家发生了什么不公平的事，身为主持人的魏凌洁总会设身处地为对方考虑，在节目中为他打抱不平。

等喜欢她的观众多了，她就开始隔三差五地往社区跑，常常跟着记者跑一线，找居民们拉家常。通过这种方式，去了解大家都在关心些什么，想知道什么。比如哪家的楼房漏水了，哪个小区有噪音扰民了，哪家有困难了等，她都会跟记者一起想方设法帮大家解决。

如今，在街坊邻居们的心目中，喜欢和大家拉家常的魏凌洁就像自家女儿一样，都觉得她很贴心。

无论是在工作中，还是生活中，与陌生人交流都是口语交际中的一大难关。处理得好，可以让两人一见如故、相见恨晚；但若处理得不好，就可能会导致双方四目相对、局促无言。这个时候，巧妙地与对方唠唠家里的事情，就是一个很好的办法。而在和别人拉家常的时候，我们应该带着感情从对方感兴趣的问题入手，既要听对方说，又要给对方讲讲自己的事情，做到坦诚相待。

1. 与老人交谈。一般老年人都比较喜欢回忆往事，与他们拉家常的时候不妨多聊聊他们的过去。另外，老年人的社会交际相对来说比较少，活动范围也比较窄，同样也很想知道家门以外的一些新鲜事，我们也可以跟对方说说。

2. 与中年人聊。中年人往往最喜欢谈论子女家庭、时政新闻、养生之道等等。

3. 与年轻人聊。聊他们的感情、娱乐八卦等，都是不错的话题。

4. 与小孩儿聊。聊他们的学习、兴趣爱好、美食等，小孩都比较感兴趣。

拉家常的同时，我们的亲和力就会感染到周围的人，让对方觉得我们面善，相处起来舒服、自然，给人留下随和的好印象。如此，和谐的交际氛围也就产生了。

4

虚心接受别人的批评

西方有谚语说："恭维是盖着鲜花的深渊，批评是防止你跌倒的拐杖。"所以，真正的智者绝不会回避自己的短处或过错，反而会虚心接受别人的批评，改正自己的缺点，让自己获得提升。而董卿的魅力，同样还体现在她敢于坦言自己工作中的错误，并虚心接受别人的批评。

在虎年元宵晚会上，董卿误把欧阳修的名句"去年元夜时，花市如灯昼。月上柳梢头，人约黄昏后"中的"昼"字念成了"书"。

剧作家魏明伦看到节目后，立即通报媒体为董卿纠错。董卿知道后，也在第一时间给魏明伦发了一封道歉短信："魏明伦老师，您好！好久不见，一切可好？首先对您指出我在元宵晚会上的错误表示感谢。我的确是把'花市灯如昼'说成了'花市灯如书'，非常遗憾，也万分抱歉，您的指正，不仅及时纠正了我的错误，也对我今后的工作敲响警钟。"

紧接着，董卿又向媒体表示，自己在今后工作中会更严谨、更务实、更细致、更刻苦。如此诚恳的道歉，与那些一听到有不利于自己的言论便心生怒火、破口大骂的人来说，她的胸襟和气量，实在可钦可爱。

事后，有记者问魏明伦："你对董卿发给你的道歉信有何评价？"他笑着说："我认为董卿道歉态度诚恳，敢于认错！敢于承担责任！特别是这一句'虚心接受观众的批评'，我要向她致敬！"

谦虚的人往往会给人留下很好的印象，董卿就是这样的女子。而一个谦逊的女子，不仅能够微笑地面对别人的夸耀，同时还要正视自己的缺陷，找到自己的软肋。

但是，很多人都更喜欢听别人对自己的夸赞，不爱听批评之言。别人一批评，有的人甚至会马上心生恨意。因恨而烦恼，快乐自然就与之绝缘了。要知道，真正

爱我们的人肯定是想要帮助我们，并且不怕得罪我们，所以才会对我们进行批评。而我们若想获得进步，就应该虚心接受批评，并且心怀感恩。

正如著名教育家徐特立所说："一分钟一秒钟自满，在这一分一秒间就停止了自己吸收的生命和排泄的生命。只有接受批评才能排泄精神的一切渣滓，只有吸收他人的意见才能添加精神上新的滋养品。"

所以，当我们受到批评的时候，首先要明白这是一种被别人关爱的表现，说明自己还很有人缘，出了问题有那么多人关心自己。其次，这可以让我们少走弯路，较快地走出生活或工作上的阴影，轻松地走向正常生活。最后，我们还可以把它视为一种待遇，受到的批评越多，自己的失误就会越少，进步就会越快，成长就会越迅速。如此，我们确实应该向批评自己的人说一句"谢谢"。

比如央视《朝闻天下》栏目主持人文静，就曾因在节目中打哈欠一事，向广大观众和网民致歉，并且表示感谢。

对于自己在节目中出现的疏漏，文静在致歉信中写到："4 月 17 日，在中央电视台《朝闻天下》节目进行当中，作为主持人，我把直播时间误认为是广告时间，同时，没有听清导播的口令，出现了疏忽懈怠，在节目直播中间打起了哈欠。节目播出后，我非常难过，并深深地自责。作为央视节目主持人，出现这样的失误实属不该。在此，我向广大观众诚恳道歉！"

此外，文静还表示："节目播出后，很多观众和网民对这起播出事故进行了议论和批评，我都虚心接受。同时，对你们表示感谢！因为你们的关注就是对我工作的最大的支持。也请大家继续关注《朝闻天下》栏目，随时给我监督和提醒。今后，我会加倍努力地工作，在屏幕上保持良好的状态，回报广大观众的厚爱。"

聪明的女子会懂得，在别人批评自己的时候，放低姿态，有则改之无则加勉。因此，当别人给予了我们善意的批评后，我们要做的第一件事，应该是对对方表示感谢。这样可以让我们在对方的心中博得更加谦虚的好印象。

况且，像董卿这样的名人都敢于放下姿态，虚心接受别人批评，我们还有什么好怕的？要知道，有时候一味地坚持并不意味着我们就是对的，只有坚持正确的方向才可以不断进步。因此，虚心听取他人的意见是非常必要的，只有随时总结经验教训，多听取过来人的意见和建议，才有助于我们看得更远。

5

错了，就真诚道歉

有些女人在犯错后会显得茫然失措，不知该怎么办，或者是因为脸皮薄，担心丢面子，所以不敢承认，也不能正视自己的错误，以至于到最后，事情不断恶化发展，甚至到了不可收拾的地步。这样不仅无法保住自己的面子，反而更加劳神伤身。其实，只要我们勇敢一些，做错了事，就去真诚的道歉，那这件糟糕的事情可能也会变得好起来。比如董卿，她就是这样做的。

2009年的央视春晚上，董卿在为相声《五官新说》的出场报幕时，将“有请马（季）先生的儿子马东……”错说成了“有请马先生的儿子马季……”而在当时，她并没有察觉到这一错误。晚会结束后，董卿因此遭到了来自各地网友和观众的批评。

董卿事后回忆：自己主持节目回家后反省至凌晨，第二天在不安稳中醒来后，“眼泪还是不由自主地夺眶而出”。就在深深的自责与无比懊悔中，她度过了那个难捱的大年初一。在她看来，一丁点儿的错误，都是不可原谅的。为了弥补自己所犯的错误，她决定主动道歉。

于是，在央视春晚幕后导演组研讨会上，董卿针对自己的失误，诚恳地向导演郎昆、马季的儿子马东及全国观众道歉。

在之后的元宵晚会上，依然担当主持人的董卿在马东上场表演时，再一次就春晚上的口误向马东和全国观众道歉。站在董卿旁边的马东感动地说：“为了我们爷俩儿的名字，董卿这个年都没有过好！”此话一出，全场顷刻掌声雷动，也让一直处在舆论风口浪尖上的董卿，终于能释放自己所承受的巨大精神压力。

当一个人犯了错误之后，躺在那里寻找借口永远是最容易的事，但这并不会让我们有所收获。要知道，每个人都难免会犯一些错误，犯错误不要紧，要紧的是犯错误后的态度和改变。

有些人明明知道自己错了，却还是硬着头皮不认账，甚至为自己争辩，结果导致矛盾升级，彼此的隔阂不能消除，互相之间的交往是谈不上了，还让人觉得此人蛮不讲理。相反，如果我们能主动认错，不仅能帮自己认识到自身不足，还能提升我们的人格魅力。

因为一个人对待问题的态度，可以直接反映出他的敬业精神和道德品行。因此，在问题面前我们所要做的，是想办法解决问题，而不是逃避推卸。否则，我们就会失去别人的信赖，从而看低我们的道德品行。想想看，如果我们的老板这样看待自己，那必定不会再对我们委以重任了。

而聪明的人都很清楚，对于自己的错误，不找任何借口而去主动承担责任，表面上看似乎有点“傻”，但这样的人往往具有必胜的信念、坚强的毅力和完美的执行力。这样的人在工作中能够发挥出自己的潜能，不会浪费时间，更不会错过任何机会。所以，这种人的成功是必然的，也是指日可待的。

著名主持人黄菡谈到和《非诚勿扰》主持人孟非的合作时，黄菡笑言自己被孟非“打击到了”。她说：“每次我说什么，说完了之后孟非会加一句‘黄老师的意思是……’好像是给我翻译一样。他觉得我的表述特别‘绕’，要再解释一下才能让观众明白。”

虽然孟非的“翻译”有点打击人，但后来黄菡却“欣慰”地发现，自己的观点被孟非“翻译”之后，确实显得更加直白了，而且听上去很新颖。因此，黄菡在采访的过程中也表示，这确实是自己的问题，并且认为有错就要改，这样才能让自己避免出现更多的错误。

勇于承认自己的错误和失败，其实是女人职场生存的法则。就拿女性管理者来说，如果这个人连承认错误的勇气都没有，又怎么能够让大家满怀信心地跟着她继续开拓市场？而事实也告诉我们，当我们在掩饰错误的时候，我们很可能会错过了真正能够改进的机会。

其实，最简单的方法就是干干脆脆地承认错误，并从承认错误中获取力量。根据相关研究结果表明，承认错误后的女人，如果是女领导，下属会因此而更加尊重你，心悦诚服地听从你的命令；如果是面对自己的朋友，朋友会因为你的坦诚，而变得更加信任你；如果是一位孩子的母亲，孩子会因为母亲的诚实，而上了人生中很重要的一课。反之，如果面对自己犯下的错误，一直躲躲闪闪，试图寻找借口逃避责任，那么弥补错误、改正错误将遥遥无期，而且很可能需要用一个又一个借口去逃避，用一个又一个谎言去遮掩，这样反而会使问题更加复杂。总而言之，做错了事情，就应该真诚地道歉，这会为我们赢得更多的信任、尊重和理解。

6

把“我”变成“我们”

不知人们有没有注意到，孩子在玩游戏时或想要某样东西时，通常都会说“这是我的”“我要……”，这里的“我”，就是一种自我意识强烈的表现。在孩子的世界中，这也许是无关紧要的，但如果成年人也是如此，很可能就会给人一种自我意识太强的印象，甚至会影响到我们的人际关系。毕竟，没有谁会愿意跟自私的人交往。

就像亨利·福特在描述最令人厌烦的行为时就说过：“一个满嘴都是‘我’的人，随时随地只会说‘我’的人，一定是个不受欢迎的人。”

在《朗读者》的节目中，董卿在访谈环节经常会提到“我们”这个词。比如在采访乳腺癌患者张家敏时，当张家敏说：“我每天早晨起床的时候，第一感觉就是自己醒来还活着呢，活蹦乱跳的，那赶紧起来吧，该干什么干什么去。”

董卿接着说道：“我们又有了一天的时间。”

“就是。所以真的，等到你年老或者到了自己回忆往事的时候，像我们这个年龄段，就真应了保尔·柯察金的话——对我们来说他是偶像：活着的时候，你不要因碌碌无为而羞愧，不要因为不尊重生命虚度年华而悔恨。我就感觉到我没有虚度年华，我也没有碌碌无为。我觉得，也不用讲什么人生观啊这些东西，人活着吧，还是应该活得有点意义。”

“我们在您身上看到了这种意义。”董卿这样说。

《福布斯》杂志中曾刊登过一篇名为《良好人际关系的一剂药方》的文章，里面提到：“交谈中最重要的5个字是‘我以你为荣’，交谈中最重要的4个字是‘您怎么看’，交谈中最重要的3个字是‘麻烦您’，交谈中最重要的两个字是‘谢谢’，交谈中最重要的一个字是‘你’，而在交谈中，最不重要的一个字是‘我’。”

和人交谈时，“我”字说得太多，会给人一种突出自我、标榜自我的感觉。这在无形中会让对方和我们之间筑起一道防线，形成交流障碍，从而影响到别人对我们的认同。因此，会说话的人在和别人交流时，都会避开“我”字，用“我们”来进行交流。

事实上，如果我们在与别人交流时，经常用“你”或者“我”来做指称，很容易给人一种距离感。这种时候，如果我们想要增进彼此的感情是比较困难的。但如果多使用“我们”，就会让对方觉得我们把他当成了自己人，自然也会对我们产生一种亲近感。比如柴静，她在一些特定的场合中就很喜欢使用“我们”这个词。

柴静在北京大学的一场演讲中说：“一个国家只有拥有那些能够寻求真理的人，能够独立思考的人，能够记录真实的人……能够知道世界并不完美但仍不言乏力、不言放弃的人，只有一个国家拥有这样的头脑和灵魂，我们才能说我们为祖国骄傲。只有一个国家能够尊重这样的头脑和灵魂，我们才能说我们有信心明天更好。”

在一次接受媒体采访时，柴静这样说：“我们的文化和教育有很多插在我们脑子里的障碍，或者说桩子。最近我在写一本书，其实就是写我自己怎么拔桩子的过程。比如，我们都习惯有一个黑白分明的世界，延伸出了很多愤怒和仇恨……”

在柴静的语言中，因为她把“我”的角度换成“我们”的角度，所以很快就得到了很多人的认可。

因此，我们在日常交流中，用一句“你觉得这么做对吗？”来指责别人，不如换成用“我们来分析一下这样做究竟对不对”，这样会更容易让人接受，也更容易缩短我们和别人的心理距离，促进彼此间的感情交流。

总而言之，我们在与别人说话的时候，只有将话说到对方的心坎上，才能顺利引发对方的共鸣。要做到如此，就需要我们能将自己和对方紧密地联系在一起，以“我们”的身份获得谈话的成功。

7

把“谢谢”说得很动人的姑娘

在人与人的交往中，多一些感谢，人就会显得谦逊，就能多一份爱心和温馨。人与人之间的关系，也会在相互的“谢谢”中变得更加亲密。所以，面对身边所有理解自己、支持自己，甚至是批评自己的人，都不要忘记说出我们的谢意，并用良好的心态回报他们。这样一来，我们就能得到他们更多的信任、支持和帮助，这是对我们大有益处的事，何乐而不为呢？

在节目中，无论是面对选手、嘉宾，还是被采访的人，董卿都会向对方说“谢谢”。

比如在送别青歌赛的落选选手时，她亲切地说：“这一刻，我们也可以把它看作是新的旅程起航的时刻，就看你们用什么样的胸怀去对待它，祝福我们年轻的选手们，也感谢你们用青春、用歌声装点了我们的舞台。谢谢你们，你们也辛苦了！”

面对来自丹东的选手时，她又说：“谢谢，谢谢你们！不过在喝到清亮的丹东水之前，我们已经听到了你们清亮的歌声。”

不得不说，这个把一声声“谢谢”说得如此动人的女子，确实很快赢得了大家的尊重、好感和支持。

心理学家认为，人际之间存在“互酬互动效应”，即我们如何对别人，别人也以同样的方式给予回报。道声“谢谢”，看似平常，但它却能引起人际关系的良性互动，成为交际成功的促进剂。

所以，一句简单的“谢谢”可以拉近双方的距离，建立起和谐的人际关系，增强彼此的沟通，增进感情的积累。

周芳菲是个脾气暴躁的姑娘，上班时，因为她动不动就发火，经常把同事气得够呛。她一直觉得，自己这样的性格挺好，有什么说什么，也不会受人欺负。但在她离开公司的时候，却没有人来问候她，更没有人相送。她这才感受到，自己的人生竟然如此失败。

后来她才知道，不仅是公司的同事讨厌她，就连从小一起长大的朋友都不大愿意跟她联系。直到有个朋友忍不住对她说："芳菲，你不觉得自己太自私了吗？你总是为自己找各种借口，不愿意照顾别人的感受，谁愿意和你这样的人在一起？"

她终于开始正视自己的问题。为了改变，她去尝试客服的工作，每天接到几十个投诉电话，并且大多都是不合理的。面对这些控诉，她不仅要一一听完，还得耐心地说："谢谢您的来电。"时间一长，她开始明白，自己当初确实给别人带来了很大的伤害。

现在，她在一家品牌鞋店做售前、售后服务，有时还要参与市场推广、设计等。无论遇到多么难缠的客户，她都会非常耐心地为对方解答、细心引导，等对方离开后，她会躬身相送，并说："谢谢您，希望您下次光临。"不少认识她的客户都说："这姑娘人好，特别耐心，找她准没错。"

向别人表示自己的谢意，是一个积极有意义的举动。比如当我们接到一个推销电话，如果耐心听完并回复一句："谢谢，我不需要。"那对方多半也会说："谢谢，对不起，打扰了。"看，好的表达真的会传染，而我们的衷心感谢，同样也会换来真心相报。

况且，说一声"谢谢"，就是认定别人帮助的价值，从而达到彼此感情交流的一种有效手段。因此，当别人为我们做了某些事情后，我们就应该表示感谢；当别人给予我们关心、安慰、祝贺、指导以及馈赠时，我们也应该表示感谢；当别人为我们做事而未成功，但那份情意同样值得我们感谢。

经常说"谢谢"，久而久之，我们就会养成一种尊重他人的劳动和帮助的心态，内心也会因此充满感激，别人也会更乐意与我们共事，并且帮助我们。一个良好的人际关系网，也就不难建立了。

另外，我们在说"谢谢"的时候还应该懂得一些技巧，以便让我们的形象更加深入人心。

比如谢意必须诚心诚意、发自内心，这样才能让对方感觉到我们的心意。并且，致谢应有明确的称呼，通过称呼被谢人的名字，可以让我们的道谢专一化。如果我们要感谢的是几个人，那就不仅仅要说声“谢谢大家”，还应该一个个地向他们道谢。这样一来，就会在每个人的心里引起回响和共鸣，使彼此间的感情得到进一步交流。

当然，我们还应该注意对方的反应。比如当对方对我们的道谢感到茫然时，我们要及时用简洁的言语道出向他致谢的原因。

8

主动当配角，给对方制造说的机会

日常交流中，有些人为了让别人接受自己的观点，总是喜欢侃侃而谈，甚至是口若悬河，在众人面前表现得学识渊博、妙语连珠。这固然能够让别人对我们肃然起敬，或者是刮目相看。但如果说出喧宾夺主的话，那结果不仅得不到别人的欢迎，甚至还有可能给自己带来麻烦。

要知道，交流并不是演讲，更不是一个人的独角戏，而是双方相互的活动。在谈话的过程中，如果我们只以自己为中心，好像他人都不存在似的，长久下去，必然会令人生厌。所以，在与他人交谈时，我们要学会当配角，给对方创造说话的机会，比我们自己说好得多。

在《朗读者》一期节目中，节目组邀请了特级摄影师姚建中为嘉宾。访谈开始后，董卿先问姚建中："您做摄影师有多少年了？"得到答案后，董卿又提起了姚建中的父亲姚经才先生，他也是著名的摄影师，还是中国照相馆"公私合营"后的第一代摄影师。

之后，屏幕上展示了几张姚经才先生拍过的照片，上面有京剧大师梅兰芳、医学家林巧稚、作家臧克家，甚至还有一张周恩来总理的照片。看着这张照片，董卿说道："周恩来总理的这一张肖像照，几乎就成了他的标准照了。"

一句话勾起了姚建中的话题，讲起小时候父亲给他讲当初拍摄中央领导人的故事，尤其是在拍周总理这张照片时的事情，可以说是记忆尤深。

这期节目中，董卿先用姚建中的父亲引出了话题。并且在这之后，她并没有一直说个不停，而是把话题交给了姚建中，让他去讲述那些故事，自己甘当配角，只在关键的时候插上几句话。

很多人为了让自己的观点被别人接受，总喜欢滔滔不绝，殊不知，自己话说得

太多，反而达不到想要效果。相对的，如果我们能想办法让对方多说，自己只要在特定的时候向他们提问，总能得到自己想要的答案。之所以如此，是因为在某些时候对方比我们更了解自己的事的症结所在，所以只要我们问对了问题，他们就会自动讲出一些事来。而我们只需要聆听，诚心诚意地聆听。

还有一种人，当他不同意别人的观点时，总喜欢急着打断对方的话。其实，这也是一种非常危险的行为。因为当别人还没有完整地表达完自己的观点时，我们说得再多，对方多半也是听不进去的，徒劳无功而已。

况且，每个人都希望自己具有“重要性”，所以会比较喜欢谈论自己的种种成就。就像法国哲学家拉罗什福科所说：“如果你想要制造敌人，那就凡事超越他们；但假如你要的是朋友，则要让他们超过你。”因此，我们需要习惯多让别人说话，多让别人感受到他对你“很重要”！

尤其是在说话方面，不管谈的是什么话题，都不应当只出现“自己”，或者“自己”占用了大部分的时间或篇幅，只有让话题成为中心，在互相尊重的基础上，互相切磋观点，才能使得讨论有所收益。

《鲁豫有约》的节目主持人陈鲁豫，一直是观众争议的热点。有不少人认为，陈鲁豫并不是一个好主持人，因为在节目中，她基本只会说那么几句有限的话来回重复，实在没有特色可言。

面对大家的这种攻击和质疑，凤凰卫视推广事务部总监郭志成却说：“说她喜欢访谈的时候用‘真的’之类的话‘装傻’，我想说，鲁豫本来就是中国为数不多的‘会装傻的主持人’。”

然后，郭志成接着说：“你看看其他的主持人，有几个能够在做访谈的时候克制住自己的表现欲，不去打搅被访者的？可以让对方尽情地讲故事的？往往是嘉宾开了个头，然后主持人就抢过话来，把嘉宾的故事说了一大截，以证明自己是对嘉宾做过功课的。而鲁豫可以做到，只要嘉宾愿意说话，她可以全程都一声不吭，让嘉宾自由发挥。我觉得这样的主持人，才是一个真正的做访谈的好主持人。”

但凡善解人意的人，在与对方交流时，通常都会在对话中甘愿做谈话的配角，等他人讲述一番时候，才不失时机地给予表态。这种把表达机会让给他人的做法，通常会博得他人的好感，使得他人畅所欲言。

林语堂先生曾经写过一本叫作《说话的艺术》的书，上面就说到这样一个观点：“人不能总是以自己为中心，其实自己是妨碍有效倾听的最大障碍。不知不觉被自己的兴趣和想法所缠住，而漏失了别人想透露的东西。”

就是在告诉我们，谈得过多更容易暴露自己。而让对方多说，则更有利于我们了解对方。当然，让对方多说，并不是指我们一句话也不说，因为过分的沉默也会使对方不好意思继续说下去。要知道，我们的目的是为了让对方痛痛快快地把话说出来，从而了解对方的心意，因此，必要时我们应想办法诱导对方多说。

9

淡化自己的优势，照顾对方的自尊心

苏格拉底曾一再告诉自己的学生：“你只知道一件事，就是一无所知。”英国19世纪政治家查士德斐尔在教导自己的儿子时也说过：“你要比别人聪明，但不要告诉人家你比他们更聪明。”这其实就是说，我们要学会“藏拙”，学会淡化自己的优势。如此，我们才能照顾到别人的自尊心，从而更好地与别人进行交流。

《朗读者》最后一期的主题是青春，董卿在采访完郎平后，也对女排队员进行了简单的访谈。当时，几个女排队员站在舞台上后，因为个子都比较高，就显得董卿的个子有点矮了，观众都在笑。

面对这种情况，董卿并没有说什么“我是主持人，只需要会说就行了”这样的话，而是照顾着几名运动员的优势笑着说：“我第一次有了矮人的感觉。”说完这句话后，几名队员也跟着笑了起来。

都说“高调做事，低调做事”。一个聪明的女子，从来都是低调而内敛的，她们从不会自恃有才而目中无人，或是骄傲自大。这，其实就是一种淡化自身优势的表现形式。

而所谓“淡化优势”，也表示在别人面前故意装糊涂，以此来照顾别人的自尊心，从而获得他人的好感。因此，在日常交流中，我们在已经具备了很多优势的前提下，最好不要在别人面前“显摆”自己的聪明，那样不仅会让我们失去更多朋友，还可能会招来别人的嫉妒。

因此，无论我们现在具备什么样的优势，都不要狂妄自大，更不要在不如自己的人面前显摆自己。因为，没有人会愿意和一个高傲的、看不起人的人说话。当我们学会了淡化自己的优势后，则可以让自己保持一份谦逊的态度，而从获得别人的好感。

1997 年，央视主办的《挑战主持人》大赛进行到第七季时，共有 4 位选手参与了角逐，在一轮比赛结束后，一个女孩被淘汰出局。而在剩下的 3 名选手中，有一位女孩是身材特别高，但她的站姿却给人一种拘谨的感觉，不是很舒服。

到第二轮比赛时，选手会与主持人阿丘制作一期访谈节目。这位个子高挑的女孩说："观众都能看得出来，我身材很高。但是观众不一定知道，这么高的一个主持人，特别还是一个女主持人，选搭档是一件挺难的事情。所以从参加节目到现在，我养成了一个特别不好的习惯，就是一直哈着腰，虽然我知道很难看，但是我觉得这样可能会让我降低一些身高，让我与同伴的合作更加和谐。"

后来很多人都说，这个女孩是有灵性的，因为她懂得淡化自己的优势，照顾别人的自尊心。

如果是我们的话，我们愿意一直哈着腰进行比赛吗？相信大多数人都是不愿意的。但不得不说，当我们学会淡化自己的优势后，别人也会更加欣赏我们。想想看，当我们在说话时给对方一个台阶，其实就是在给自己铺一条后路。我们照顾到了对方的面子，那么别人自然会对我们心怀感激之情。

另外，我们在淡化自己的优势时，还可以突出表现一下自己的劣势，故意向别人示弱。因为当我们把自己的缺点主动表现出来的时候，虽然会给别人一种"平平常常"的印象，但这样一来，对方和我们交流的时候也就不会产生危机感了。

除了突出自己的缺点之外，我们在面对自己的成功时，也要低调一点。比如当我们被领导委以重任，而我们恰好又完成得非常出色时，如果我们在同事面前开口闭口就说："哎呀，这件事多亏了我啊，我当时……"这种在别人面前显摆的话，同样会让一些自尊心较强的同事觉得没面子。

但如果我们这么说："这件事很简单的，而我也是运气比较好，大家谁做都一样的。"这么一说，我们就把自己的功劳简单化了，淡化了自己的成功，那别人的自尊心自然也不会受挫了。

当然，我们也没有必要特意在具有优势的同事、朋友面前夸奖对方，因为这种夸赞虽然可以帮助我们获得优势者的好感，但却没有照顾好其他人的面子。当我们一味地夸赞优势者的时候，其他人可能就会自感不如，甚至可能会认为我们在有意贬低他们。所以，为了避免引起不必要的误会，这样的话我们最好也不要说。

第三章

从容掌控全局，

反应敏捷惊艳全场

〈1〉

危机面前不慌不忙，便是优雅

无论我们对一件事做了怎样周密的安排，总会出现一些意外。而当这些意外危机出现在节目中，就需要主持人有很好的应变能力和心理素质，只有主持人恰到好处地救场，才能使节目完美无瑕地进行下去。

因此，主持人能否在面对任何突发情况下，都能保持不慌乱、头脑清醒、应对自如，是节目成败优劣的关键。而董卿之所以能深受观众的喜爱，与她良好的心理素质和机智的应对能力是分不开的。

在一次节目录制中，一位由北京电视台选送的女选手在演唱的过程中，演出服出现了一些问题。当时台上台下气氛异常，这位女选手也非常尴尬。董卿当机立断，向选手询问道："刚才在演唱的过程中，我们都看到了你的演出服出了一点小问题，这会影响你的发挥吗？"

选手回答道："刚开始的时候有，但是投入到歌曲的表演中后就忘记了。"

董卿说："我刚才从作为一名观众的角度来看，你表现得非常镇静，这是一个优秀的歌唱演员所具备的素质。"

选手感激道："谢谢！"

面对节目中的突发状况，董卿马上做出了最佳的判断，顺利度过了一次危机。因为她很清楚，当事情发生时，避而不谈是不明智的，最好的方法就是直接面对，并且想办法给对方台阶下。而这种不慌不乱的态度，也更显其优雅从容。

但在现实生活中，能真正做到临危不乱、镇定从容的人，其实并不容易，尤其是女性。当事情未发生的时候，心里可能很清楚自己应该怎样处理，但当危机降临到自身头上时，却往往由于不够冷静做出一些令自己后悔的举动。

对此，清代魏子安在其《花月痕》中说得很透彻："一朝失足千古恨，再回首

已百年身。”遇事急火攻心时，往往不够冷静，易冲动，若能身处其中而泰然自若、从容应对，那真是具有极其高深的修养。

如此，就更能突显出不慌不忙的女人所展现出来的优雅，她就像是一幅清新隽秀的山水画，总能让人静下心来慢慢品读。无论外界风卷云涌、世事变迁，内心总是处事不惊、安详宁静。所以，我们不妨做一个坦然面对“意外”的女子，沐浴晴朗，扔掉悲伤和孤寂，摆脱无助和漠然，不再害怕未知，也不必盲目迷茫。告诉自己：“我可以！”

在2007年《欢乐中国行》元旦特别节目中，在接近零点时，现场时间突然出现了两分半钟的空档，节目导演马上安排董卿去“救场”。

原本就是“临危受命”，结果当董卿开始大方自如地自由发挥时，耳麦里又传来导播的误判:“不是两分半钟,只有一分半钟了。”董卿连忙调整语序,准备结束语。

就在此时，耳麦里再度传来更正：“不是一分半，还是两分半！”董卿依然临危不乱,顺势走到舞台两头给观众深深鞠了两躬,并用“欢乐的笑”“感动的泪”“奔波的苦”等诸多排比句，即兴制造了一个又一个悦耳动人的“感谢”。

一个小小肢体停顿，让她在紧急中控制住了节奏，再加上她流畅的语言表达，成功铸就了这个“金色三分钟”，使其成为主持学上一个完美的案例。

董卿面对危机时从容不迫的态度，源自于她的实力。她曾经一年中整整主持了130多场次晚会，正是通过这样不断地练习和磨砺，让她在遇到任何问题时都能不慌不忙，灵活地应对。

“暮色苍茫看劲松，乱云飞渡仍从容。”无论遇到什么危机，我们都要临危不乱，镇定以对。不慌不忙不仅是一种从容的心态，更是一种生活态度。保持一颗不慌不忙、有条不紊的心，显然要比急躁更有力量。

想要保持从容，最重要的就是保持冷静，不要把自己弄得慌手慌脚。当自己过于紧张的时候，可以试着深呼吸几次，让自己放松下来；同时嘴角翘起微笑，并不断给自己心理暗示：没有什么可以让我恐惧和害怕的。

另外，还需要我们学会忍耐，在日常生活中磨炼我们的耐心。比如在吃饭要细嚼慢咽，尤其是在极度饥饿时还能保持细嚼慢咽的状态，会让我们更加的有耐心和

毅力。也可以尝试着去长跑，这不仅仅是锻炼身体的一种方式，在很大程度上也是不断挑战自己的一个训练模式；或者还有一个比较有趣方式去让自己更加有耐心：排长队。

有句话说得好：“不慌不忙，万物莫不自得。”所以，从现在开始，努力尝试做一个从容的女人吧！只要我们自己能从容面对，悉心对待，生活也必将还我们一个华丽的转身。

2

当对方失误，巧妙替别人解围

失误就像是衣服上破了的洞，有的女人会在上面打个补丁，看起来斑斑杂杂，很是惹眼；而有的女人却会在上面绣出一朵花，使其明媚艳丽，宛若天成。作为一名优秀的主持人，肯定会经常遇到表演者出现失误的场景。这个时候，就需要主持人能够保持灵活的头脑和灵敏的反应，在化解尴尬的同时，也让现场的气氛更加浓烈。

在 2009 年春晚首次彩排中，青年美声歌手王莉在上场的时候不慎摔倒，单膝跪地。虽然最后因为王莉丰富的舞台经验，而没有影响到声音的效果，但现场的气氛还是显得有些尴尬。

面对王莉的失误，董卿随机应变地说了这样一段话：“刚才歌手王莉不小心摔倒，好在没影响到她的演出。其实春晚就是这样一个舞台，能站在这里的都是最优秀的演员，大家都是摔倒了又爬起来才走到这里的！”通过这句话，董卿巧妙地为王莉解了围。

每个人都会犯错，但如果对方犯的不是原则性错误时，那不如将错就错，巧妙地帮对方化解，变“无意之失”为“有意之为”，让错误生发出美丽，把笑话变成佳话。

而一个睿智的女人，肯定是善于替别人解围的。尤其是在交际场合中，她们总能察言观色，适时得体地为别人打圆场。如此，不仅能够帮助别人摆脱尴尬、化解纷争、缓和僵局，变难堪的场合为活跃、融洽的场面，还能有效地协调身边的人际关系，彰显自己的口才魅力。

一次，著名演员新凤霞和丈夫吴祖光举办敬老晚宴，现场邀请了许多文艺界的老前辈。当时，年届 90 的画家齐白石先生，也在保姆的陪同下前来参加。老先生

坐下后，就拉着新凤霞的手慈爱地端详个没完。保姆不好意思地对白石老人说：“您总盯着人家看什么呀？”

白石老人很尴尬，气鼓鼓地说：“我这么大年纪了，为什么不能看她？”一句话说得大家都尴尬起来，一时不知该说什么好。

这时，新凤霞笑着对白石老人说：“您看吧，我是演员，就是给人看的，不怕人看。”在场的人都笑了，气氛顿时轻松起来。

有的人之所以陷入窘境，大多是因为他们的举止在某些场合不大妥当，但基本都属于无心之失。在这种情况下，最有效的解围方法，莫过于为对方找一个充分的理由，以此证明对方有悖常理的举止是“合情合理”“无可厚非”的。

就像有句话说的：“最好的教养，就是不让人难堪，不动声色地替人解围，事后也并不夸夸自谈。”因此，那些善于为周围的人解围、打圆场的女人，更容易获得别人的赏识和信任，从而不断提升自己的人缘魅力。

下面我们就来具体看一下，生活中有哪些替别人解围的方法?

首先，我们可以利用转移话题的方式，来制造轻松的气氛。比如遇到某个较为严肃、敏感的问题弄得双方都很对立，甚至阻碍交谈正常顺利进行时，我们不妨暂时让它回避一下，通过转移话题，用一些轻松、愉快的话题来活跃气氛，使僵持的场面重新活跃起来，从而缓和尴尬的局面。

其次，我们可以随便找个借口，以合情合理的解释来证明对方有悖常理的举动在此情此景中是正当的、无可厚非的和合理的，给对方台阶下。这样一来，对方的失误所带来的尴尬解除了，正常的人际关系也能得以继续下去了。

最后，当人们因固执己见而出现尴尬的场面时，局面难以缓和的原因往往是彼此的争胜情绪和较劲心理。因此，我们在解围的时候也可以抓住这一点，求同存异，帮助对方灵活地分析问题，使他们认识到彼此观点的合理性。

3

自嘲是化解尴尬的“灵药”

美国的赫伯·特鲁曾特意写了一本名为《幽默的秘诀》的书，其中，他把自嘲列入最高层次的幽默。不得不说，尴尬时，自嘲确实是最好的化解方法。这种方式看似是在自我贬低，实际上却能拉近人与人之间的距离，并获得别人的尊重和认可。而董卿，恰好就是一个非常善于自嘲的人。

一次，董卿到兴化主持节目。因为当时正在下雨，所以她只得一手拿着雨伞，一手拿着话筒信步向台前走来，边走边说：“兴化的父老乡亲们，你们好！”谁料，她脚下一滑，话音和屁股几乎同时落地，全场的人都被这突如其来的情况吓了一跳。当她被工作人员扶起来后，所有人都全神贯注地看着她，气氛非常尴尬。

但当她调整好情绪抬起头来时，那花儿一样的笑容立即绽放开来，董卿很平静地说：“这是我从事主持生涯15年来遇到的最恶劣的天气，我把跟头跌在了兴化，这一跤让我这辈子永远记住了兴化。”现场的观众都被她幽默的自嘲给逗笑了，台下掌声雷动。

真正有自信的女人，大多敢于用幽默的方式让自己全身而退。而善于使用自嘲的女人，即便是在遭遇尴尬的时候，她们也不会面红耳赤，恨不得挖地三尺去逃避，甚至怒火中烧；而是能豁达地承认自己的不足，在博得大家一笑的同时，又展示了自己的坦诚和睿智，还巧妙地让难堪不复存在。

比如曾经有位女作家因为写作太累在开会时睡着了，并且睡得鼾声大起，逗得与会者哈哈大笑。她醒来时，一位同仁说：“身为一个女人，你居然能打出这么有水平的‘呼噜’！”结果她立即接茬说：“这可是我的祖传秘方，高水平的还没有发挥。”在大家的哄笑声中给自己解了围。

这种自暴其丑的说话方式，可以有效地显示一个人的责任心和坦诚。更因为他

们勇于暴露自己的问题，揭露自己的缺点，往往被人视为可靠的人。相反，如果我们对自己的问题和缺点怒不可遏地反唇相讥，可能就会遭到更多的嘲讽。

所以，通过嘲笑自己的长相、缺点、遭遇等，可以使自己轻松地摆脱困境，为自己解围。因此，自嘲在应付尴尬境地中有特殊的表达功能和使用价值。而且，自嘲术的使用，还能使说话者能轻松、愉快地正视自己的弱点，摆脱困境，增强自信心、自尊心，同时又可使气氛活跃起来。

一位女演员受邀参加某颁奖仪式，上台的时候，她的披肩不小心从肩上滑落到了地上。这一意外让现场变得有点尴尬，所有人都不说话。

面对这种情况，聪明的女演员一边将地上的披肩捡起，一边说道："唉……这女人一过30，什么都往下掉！"这种自嘲的方式，不但让她免除了尴尬，还用自己的年龄作为调侃，让人会心一笑。

由此可见，学会自嘲式的幽默，确实很有用。想想看，走在风和柔丽的阳光下，甩一甩长发，俏皮地调侃一段，勇敢地自嘲几句，难道不更加迷人吗？

当然，想要使自己的谈吐在短时期内就能变得诙谐幽默起来，并不是一件很容易的事情。要知道，幽默并不是三言两语即可传授的。它是一种睿智的体现，是一个人的思想、学识、智慧、灵感在语言中的体现。

比如董卿在担任《挑战不可能》节目的嘉宾，被问到与担任主持人有什么差别时，她说："最大的不同就是可以坐着说话，而且说话特别管用。"董卿幽默地调侃自己的评委身份，令现场所有人开怀大笑。

有人说："没有幽默感的女人，仿佛是没有香味的玫瑰花，远看完美无瑕，可是走近，却不得不让人叹息。"所以，要想成为一个有魅力的女人，就必须懂得自嘲的艺术。因为这种幽默方式能显示出一个平凡女人的风度、素养和魅力。学会自嘲，提高个人的语言魅力，为我们的谈话锦上添花。

即兴发挥，把控局面

电影《阿甘正传》中有这样一句话：“生活就像一盒巧克力，你永远也不知道下一颗是什么味道。”同样的，一个人永远也不知道自己下一分钟需要说些什么。或者我们会遇到刁钻的提问，或者我们会遭遇尴尬的困境，又或者我们发现现场的气氛有些沉闷……这种时候，我们就必须将自己的口才迅速调动起来，在最短的时间内找到突破口，才能有效把控局面。

而一个人口才水平的高低很大程度上都体现在即兴口才上，因为事发突然，之前没有周详的准备，想要迅速展开局面，就看我们能否在即兴发挥中表现出思维敏捷、判断迅速、逻辑严密等良好的素质。比如董卿，她在许多突发状况下，总能做到即兴发挥，应对自如。

在一期青歌赛的节目录制中，有两位羌族歌手唱得非常美妙动听，但对常识性问题却一无所知。这种情况让观众席中的人开始窃窃私语，甚至有人窃笑。导播在耳机里着急地对董卿说：“你得说些什么，扭转一下局面。”

董卿的反应非常敏捷，她指着羌族歌手胸前漂亮的银饰问评委：“你们知道这个盒子是干嘛用的？”评委们踊跃回答：“应该是定情信物。”“我觉得是装烟丝的。”答案各不相同，却没有一个说对的，因为那是一只用来装盐巴的小盒子。

董卿向余秋雨“发难”道:“我们现场评委能得多少分啊？”余秋雨笑答：“当然是零分了。”董卿接过话说:“就像他们答不出我们的题目一样，在这两位歌手来到中央台的舞台上之前，我也不知道羌族还有这么优美的酒歌。其实不论他们来自哪里，音乐是可以毫无障碍地抵达每一个人心灵深处的。这就是我们举办歌手大奖赛的目的。”说完，全场响起热烈掌声。

作为节目录制现场的唯一把控者，主持人必须沉着冷静，拥有即兴口才的必备

素质。虽然主持人事先会对节目有一个全盘的准备，甚至会预想很多可能出现的状况并做好应对之策，但意外状况还是会发生。这个时候，就需要主持人通过即兴发挥来扭转局面。

即兴发挥的语言，就像一杯下午茶，会让我们觉得心灵与情感得到温柔的抚慰，心情豁然开朗，其神奇的魔力往往是活跃社交场合气氛的最佳“调料”。特别是在非常紧张和严肃的气氛时，只要我们能说一句恰当的话，就可以顺利把控局面，缓解众人的压力，从而换来融洽的气氛。

比如央视著名主持人李咏，他的主持风格总是显得风趣调侃，喜欢“东拉西扯”，有些“不走寻常路”。而他的即兴发挥更是多次打破了现场的沉闷，避免了尴尬。

在一次金鸡百花奖的颁奖典礼中，李咏在宣布“马上要揭晓的是最佳纪录片奖，请看大屏幕”后，大屏幕上出现的却不是最佳纪录片的候选影片介绍。当时也没有耳麦，但经验告诉他，这应该是放带子的工作人员放错短片了。现在大屏幕上已经出现了 Logo，导播间的工作人员一定在心急火燎地找片子。

为了稳定现场，并保持住颁奖典礼的热闹氛围，李咏便开始没话找话。他说：“刚才大家看到了，工作人员把节目带放错了，之所以放错，不是因为他太疲惫、他不专心，而是因为奖项太多，他弄不清楚。”这话一出，现场观众就开始乐了。

没话找话，或者就着眼前的故障说事，也是即兴口才的一种发挥。总之，不能出现冷场，或者让现场的气氛滑落。即便没有突发状况出现，主持人也要抓住现场发生的每一个细节大做文章，这样才能让嘉宾表现出他最真实、最吸引人的一面，节目才能更加成功。

当然，想要通过即兴发挥来把控局面，并不是一朝即成的。它是以一定的文化知识、思想修养为基础的。所以，我们平时要注重积累，并有所侧重地锻炼。

比如在思维敏捷方面，当意外发生时，我们要马上调动思维去捕捉细节，并迅速组织相关的语言。在这个过程中，考虑话该怎么讲，是一种思维活动，尤其是即兴说话，更是一个激烈的思维过程，稍有不慎就会影响到语言表达的能力。

再比如我们迅速判断的能力，当出现突发状况时，首先要对这个情况做出快速的判断：“是什么问题”“性质严不严重”“需要多长时间”等。有了这样一个判断后，我们在组织即兴语言时，就会有一定的基础和参照。

总而言之，即兴发挥最大的障碍并不是观众，而是我们自己。想要清障，我们就需要积累知识，提高自己的文化素养，让我们说起话来能够镇定自若，侃侃而谈。还要学会自我调节，增强自信心，凡是有发言的机会，都要敢于说话，而不是躲躲闪闪，或是说什么“我不会说，说得不好”这样的话。

5

妙语圆场，缓解尴尬气氛

女人可以没有美貌，却不能没有才情，因为才情可以重塑美丽，可以让美丽长驻，可以使美丽拥有气质的内涵。一个有才情的女子，总有一种独特的风韵，超凡的灵性和一种极致的美。这样的女人，书卷中透着点点妩媚，纯净中闪耀着智慧的光彩，温柔里点缀着不屈的灵魂。而这样一个女子，在遭遇尴尬的气氛时，总能妙语圆场，让自己更有魅力。

2006年董卿应邀在上海浦东主持召开某活动，眼看会议流程已到了主角嘉宾出场的时刻，却迟迟不见嘉宾的踪影。长达20多分钟的等待就此上演，期间董卿多次半开玩笑说："她怎么还不来，到底是不是住这个酒店？还是在来的路上？"

由于迟迟不见嘉宾的身影，观众显然有些不耐烦，更有甚者将目光转移到现场的美女主持董卿身上。"董卿，你唱一个吧。"有人这样说。一听这话，董卿立刻机智回应："不行的，主持人是说得比唱得要好听。如果今天我唱了，明天各大报纸会说董卿说不好，只能现场卖唱了。"

可是台下观众也"不甘示弱"，"没关系，你比嘉宾名气还大呢。""那这样，我给大家出一道脑筋急转弯，答对了我就唱。"无奈之下，董卿只得现场出题，笑问大家："林黛玉是怎么死的？""摔死的。"台下数人异口同声。眼看已经没法推托，为了圆场，董卿只得现场为观众清唱一首《但愿人长久》。虽然不是专业歌手，但她优美动听的歌声还是让现场观众欢呼不已。

有了董卿的救场，嘉宾迟到的风波才得以平息。董卿现场调侃说，是嘉宾给了她唱歌的机会。如此机智又富有才华的救场，怎不令人啧啧称赞？

而一个善于打圆场的人，一定是一个处事功底深厚的人，有着丰富的底蕴和文化素养的人。比如，台湾著名主持人吴宗宪，就是个能把"打圆场"技巧运用得炉

火纯青的人。

在一次户外真人秀《男神女神》节目中，有 4 位女选手秀了一段舞蹈。期间，可能是因为紧张，有两名选手的舞蹈动作出现了一些小失误。当时，不仅两位选手因此而局促不安，场面更是变得尴尬不已。

这时，主持人吴宗宪连忙打圆场说：“虽然你们当中有人跳错了，但没关系，要知道，方才失误的那动作，样子是全世界最可爱的。就连卓别林都说过‘全世界最精彩的演出，就是出错的那一次’。”此话一出，大家都笑了。

没有人希望在表演过程中出现失误，但它既然出现了，也只能想办法“圆”回去。吴宗宪正是巧妙地借助卓别林的一句话来安慰选手们，才让当时尴尬的场面被打破，顺利缓和了现场气氛。

能够巧妙借助恰到好处的语言及时出面打圆场的人，定是反应敏捷的人。而作为一种语言艺术，学会如何打圆场，对我们来说也是非常重要的。想要学会这种方式，我们可以从多方面进行。

就拿身边的人将话说错了来说，我们就可以试着和对方一起将尴尬化解。比如对方在说一个笑话时，还没说，自己却先笑了，那我们就可以顺着说：“看样子这个笑话很好笑，他还没说就已经笑了，既然这样，就由我来为大家讲述这个笑话。”

又或者，我们可以把对方的失误与其他事物进行联想。比如对方口误所说的内容能够与其他人或事连在一起，我们就可以顺着这个意思继续说下去，让这次口误变成自身对其他知识的了解。

总而言之，如何打圆场需要一定的技巧，想要成功地打圆场，就需要我们根据实际情况，灵活对待。

6

跑题了，及时拉回到主题上来

跑题，是我们在交流中经常会出现的问题，也是必须要避免的问题。比如董卿，当她采访的嘉宾在出现跑题情况时，她总能做到不留痕迹地打断对方，既让对方感觉到自己偏离了主题，又不让对方感到难堪，巧妙地让对方停下来。

除了董卿之外，还有许多主持人都能做到这一点，比如著名主持人崔永元。他不仅是谈话方面的高手，并且在打断嘉宾的谈话时也总能做得非常艺术，丝毫不留痕迹，同时还能很好地让话题继续下去。

在《唐·金》一期节目中，面对唐·金不着边际的长篇大论，崔永元先是耐心地听，然后适时打断说："我刚才仔细听了听，好像是我在问我的问题，唐·金先生顺着思路在说自己的事。其实，我的问题特别简单，就是拳击的推广人和拳手之间是一个什么样的关系？"唐·金："如果描述拳手和拳击推广人之间的关系的话……"

在细心倾听的过程中，崔永元当然发现唐·金早就"跑了题"，但他也感觉到了唐·金的"谈兴"，而且对方的一些"跑题"的话，虽然"节外生枝"，但也很有趣，大家也愿意听。所以，他并没有选择"及时"打断对方，待有了停顿感后，才巧妙地把既定的话题牵回来。既给足了唐·金面子，也让观众饱了耳福。

这种巧妙的打断，既重申了主题问题，让嘉宾的思路回到主题上来，又不显得生硬、突兀。

跑题了，必然要把对方的思路及时拉回到主题上来，那就势必要打断对方的谈话。但是，生硬地打断显然会破坏谈话的气氛，也容易伤害对方的自尊，导致谈话终止。因此，巧妙地打断对方就显得非常重要。

在一期《广告知多少》节目中，介绍嘉宾李盾时，崔永元问他："广告多了还

是少了？”李盾就一口气罗列了很多广告无处不在的例子，崔永元友好地打断了他说：“李先生的诉苦大会如果我要不及时打断，今天大家就要在这里久坐了。”

李盾当即明白了主持人的意图，用简短的语言强调了自己的观点：“这是因为广告给我们带来的苦处太多了，恐怕再加上多长时间，也没办法说完。”

另外，崔永元还会使用点拨法、将军法、转移法等方式来巧妙打断对方的滔滔不绝。

比如在一期《吸烟危害健康》节目中，节目组邀请了中国人民大学素有“国侃”之称的周孝正教授做嘉宾。崔永元问：“您吸烟吗？”一般人可能只会回答“吸”或“不吸”，周教授却拉开了话匣子：“不吸。吸烟是随波逐流、人云亦云、丧失个性……”

眼看话题越扯越远了，崔永元灵机一动，便问：“您喝酒吗？”“我……”对方有些愣住了。如果说吸烟是人云亦云，那喝酒是不是丧失个性？对方只好嗫嚅地说：“以前……以前也不喝。”观众大笑，“将军法”妙不可言。

除此之外，跑题还有一种情况，就是说话的人出现了模糊，甚至认识不正确的情况。这个时候，我们就必须要及时打断对方了。而这样的打断，也更需要艺术性，既不能采取正面批评的态度对对方进行纠正，也不能置若罔闻，可以试试“归谬法”。

比如有人说：“下岗了，希望找个工资较高、工作不累，离家又近的单位。”我们不妨故作理解地回答：“噢，咱们让单位搬得离你家近点儿！”简单来说，这种方法其实就是在夸大言语的不合理性，来暗示观点中的谬误。

总的来说，要想做到巧妙地打断对方的谈话，我们还有很多需要学习和锻炼的地方。比如我们需要学会倾听，只有用心听了，才能听清楚、听明白对方在说什么，说得对不对，是不是紧扣主题的。如此，才能及时发现问题，并及时采取措施。

这里需要注意一下，我们之所以及时打断对方，不让对方的话题“跑”得更远，并不是意味着只要一发现对方跑题，就马上让对方停下来，而是应该找准让对方停止的点。一般情况下，这个点应该是对方阐述完一个意思的终结点。如果在对方说了半截的情况下打断，很容易让人感到难堪。

而且，对方跑题固然不妥，但也不能因此就直接让对方闭嘴，直接否定更是不妥。所以，最好的方式是用含蓄的、暗示性的话来点醒、引导对方回到主题上来。

7

转移话题，逃避刁难

我们在很多时候都会遇到一些意见分歧的情况，这时，即便我们再怎么跟对方争辩，也是于事无补，反而会越争辩越激烈，甚至会引发冲突。这个时候，我们就要学会一种转移话题的方式，将话题巧妙地引开，这样就避免了冲突的可能，也让双方都有台阶可下。

还有些时候，会出现别人故意刁难的情况，我们同样可以使用这种方式来转移话题。这样不仅可以化解尴尬，还能赢得的掌声。

很多人对春晚上刘谦与董卿合作表演魔术，一定还记忆犹新。虽然与刘谦在春晚上合作已是数年前的事情了，但央视主持人董卿始终没有摆脱给刘谦当“托儿”的质疑。

对此，董卿表示：“为了把最好的节目在大年三十呈现给观众，说我什么都可以！你管它真的假的，我知道它是假的，我也愿意把它当作真的，只要你（观众）看着高兴！”

面对外界的种种刁难，她没有直接说自己与刘谦的合作如何如何，而是告诉人们，自己一直将最好的一面呈现给观众，哪怕背负误解。

每个人的思维方式不同，理解能力不同。所以难免会产生误解，那么当我们发现自己被人误解、刁难的时候。就像董卿所说的：“我是满在乎别人对我看法的人，但我没有权利让每个人都认识我说我好。任何东西存在就有其合理性，这些质疑对我来说也是动力，只有自己做得更好才能得到更多人的肯定。”

况且，一个智慧的人总是清楚地知道自己需要什么和不需要什么。这样的人总是充满自信却不自大，谦和而不自卑，性格独立却不霸道。对于智慧的人，光阴虽然可以带走对方年轻的容颜，却不能抹去其智慧的结晶。在岁月的长河中，他们的风采只会像珍珠一般愈加晶莹剔透。

她，16岁辍学，20岁再次重返校园，35岁成为邓小平的贴身翻译，到了花甲之年，却越发有气质！

据说，她是一个让中国人放心，叫外国人头疼的女人。她曾创造过中国历史上三个“第一”，即中国第一位少数民族女大使、中国第一位驻外国女大使、全国人大第一位女性新闻发言人。

她被外国元首赞誉为“最能清晰传递中国声音的使者之一”，她是中国外交部的知性铁娘子，也是中国最美、最优雅的发言人！她，就是傅莹。

2016年，她在德国慕尼黑安全会议上代表中国发声，可谓舌战群儒、见招拆招、睿智精彩！会议上，她被问了一个非常刁钻的问题：“中国是否对朝鲜失去了控制？”当时无论是回答“是”或“不是”，都等同于间接承认了中国在试图控制他国主权。但她却面带微笑地答道：“这种用语很西方，对一个国家失去了控制，一个主权国家，中国不是这么想的，我们不控制任何国家，我们也从来没控制过任何国家，我们也不想被控制。”

而当美方记者说中国“偷窃”美国时，温柔的她却变得非常严肃，她说：“这个词很不敬，如果我们两国存在技术性的问题，我们可以摊开来说，但你需要向我们提供证据。”

面对外媒的刁难，聪明的她谈笑风生间就能犀利，机智地化解危机，维护好中国的利益与形象，令所有国人直呼她为真女神！从青丝到满头银发，她却越活越有气质！虽韶华已逝，但美丽依旧！

奥黛丽·赫本说：“聪明女人会毫不费力地把男人给迷倒，但她们不会把所有心思都放在男人上。”事实确实如此，容颜会随着岁月老去，但智慧却会与日俱增。要成为一个永远青春的人，就要永葆一颗聪明的心。如溪水般伶俐的女人，男人就永远不会对她厌倦。

就像董卿，她虽然已经名财兼备，但仍然在孜孜不倦地学习、不断地充实自己，这也是为什么她主持的节目充满魅力的原因。在关注《欢乐中国行》时，听她串节目，就如在听一个智者传播文化，也像听父母循循善诱的教导，还像听一位知心姐

姐涓涓细流的谈话……

有智慧的女人是懂得生活情趣的，她们懂得制造浪漫，让自己像诗人一样体会生活，像哲人一样思想，像凡人一样活着，她们善于表达自己的想法和情感，懂得在不同的场合扮演不同的角色，知道在工作中要专心和投入，回到家中要温柔体贴。

所以，请做一个有智慧的女子，少些抱怨，多一些平和，用智慧的双眼去发现生活的美好，去发掘世界的美妙，生活会精彩无比！

8

面对挑衅，巧妙还击

面对别人的挑衅，如果我们能巧妙地运用轻松机智的语言，来对别人的故意刁难进行反击，不仅可以瓦解对方的注意力和攻击力，让自己从窘态中解脱出来，还能表现出自己敏捷的才思和宽大的胸怀。董卿就是这样一个女子，除了她之外，许多聪明的人也是这样做的。

谌容是当代著名的女作家，她在访美期间，有一次应邀到一所大学演讲，台下的美国朋友提出了各种各样的问题，她都坦诚的一一给予答复。

当有人问道："听说您至今还不是中共党员，请问您对中国共产党的私人感情如何？"

面对这种挑衅式的提问，谌容答道："你的情报很准确，我确实不是中国共产党党员。但是，我的丈夫是个老共产党员，而我们共同生活了几十年，尚未有离婚迹象，由此可知我同中国共产党的感情有多么深！"

谌容用偷换论题的方式巧妙地回答"对中国共产党的私人感情"问题，不仅机智得体，而且圆满缜密，使对方无可挑剔。

有些时候，总有些人会由于某种用心，在言语上不怀好意地挑衅、刁难我们。面对这种情况，无论是气急败坏还是闭口不言，都会让自己处于不利的位置。如果我们能学会这种反击方式，不仅能机智地化解尴尬，还能赢得掌声。

当然，生活中也有不少人在面对挑衅的时候，只会一味"以牙还牙"。结果却引发事端，甚至两败俱伤。等回过头来再看刚才发生的事情，其实不过是芝麻绿豆般大小，却引发了如此争端，实在得不偿失。

比如在一次明星记者采访会上，众记者都争先恐后地向诸位明星提问。忽然，一位记者问一名当红女星："你如此追求完美，是不是有一点强迫症？"女星却立

即变脸道："你才强迫症，你全家都是强迫症。"说完后，当即甩手离开现场，只留下一群面面相觑的明星和记者……

这就是一种特别的常见的失败交流现象，而人们对待它一般有两种做法：一是碍于情面，硬着头皮去回答对方的问题，或者参与对方的讨论；另一种则是马上拉下脸来，带着情绪告诉对方："请尊重个人隐私。"

无论是哪种回应方式，都会令人感到不舒服。配合别人，就意味着会为难自己，而且当我们在这种事情上配合别人后，以后也很难再和对方坦诚相待，难免让自己心中生结。但如果一本正经地告诫对方，又会得罪人，万一对方是个"刺头儿"，还可能会给整个社交环境带来不好的影响，从而让我们受到无关人士的讨厌和谴责，结果最好还是自己吃亏。

如此，我们就会陷入一个无奈的境地。那么，遇到这种情况，到底该如何处理才算明智呢？有人际关系学家表示：当我们不可避免地遇到别人给予的不快时，要坚守自己内心的淡然气度，无论对方说的话有多么锋利的"针尖"，都要与之针锋相对，甚至我们可以拿出气度来"以柔克刚"。这样不仅可以化解问题，还可以为自己在别人心目中的印象加分。

姚明初到美国打球时，号称"大鲨鱼"的奥尼尔就放话说："要让中国的姚明尝一尝我的手肘有多厉害。"但姚明在听到带有如此挑衅的话时，他并没有做任何计较，只想着如何在 NBA 不给中国运动员丢脸。

后来，在一次记者招待会上，一位美国记者再一次当场向姚明提到这件事，并且直接问姚明："你对此有什么看法？"姚明当时并没有针尖对麦芒地还回去，反而笑着说："奥尼尔的手肘上有很多肉，撞人的话应该不会太疼。"

他的回答，赢得了当时在场的很多人的赞叹，也让世界亿万观众看到了中国优秀运动员的深厚涵养。

在与人相处中，某些事坚持原则固然好，可是如果在任何事情上都不知道变通，那就是较真了。诚然，在该认真的时候认真，这是一种为人处世负责任的态度。但是，我们也一定要学会，在应对一些比较棘手，或者敏感问题的时候，就要像打太极那样，柔韧结合、圆融变通。

比如一个旅行社导游带团到某一历史名城参观。有游客为难导游：“请问有什么大人物诞生在这个城市吗？”导游一下子茫然了，因为他根本不知道。但他灵机一动，非常机敏地说：“先生，这个城市里诞生的都是婴儿。”这话让大家都笑了起来。

很多人陷入此种困境后，因为无以应对故而选择沉默，在那么多人面前显得尴尬不说，还会让人认为你不够机警，缺乏专业知识，甚至觉得你根本不能胜任。但是你若能运用太极术，巧转话锋，分散和瓦解对方的注意力和攻击力，那么你就能从窘态中得以自我解脱。

9

运用“太极术”应对敏感话题

在某些场合中，我们可能会遇到一些比较敏感的问题，这些问题直接说的话，也许会让自己下不来台，或者会让别人陷入尴尬境地。即便没有涉及双方的面子问题，但如果过于方正直接地回答，很可能就会让别人对我们产生不好的印象。因此，我们需要学一学“打太极”的说话方式，巧妙解决敏感问题。

在2013年12月7日，《直通春晚》综艺版第三场展演播出时，有五支代表队分别进行了精彩的表演。等到嘉宾点评环节时，董卿在春晚给刘谦当“托儿”的旧事又被导演陈临春拿来调侃。

当时，导演陈临春则先是一语道出杂技演员的辛苦，他说：“杂技演员一年有300天一睁眼就要做这些动作，从早做到晚。”

随后，他笑着说：“在董卿被全国网民质疑做托儿之前，杂技是每年春晚大家最期待的节目。”董卿听后并没有对“托儿”这件事进行阐述，而是笑着接话道：“后来被魔术抢掉了风头。”

与人交流时，对某些事情坚持原则确实值得称赞，但如果在任何事情上都坚持原则、不知变通，那就有点“较真”了。诚然，在该认真的时候认真，确实是一种为人处世负责任的态度。但我们在应对一些比较棘手或者敏感问题时，也应该适当运用“太极术”，像打太极那样柔韧结合、圆融变通。

比如说，当35岁还未婚的著名电影艺术家中野良子在被记者追问“什么时候结婚”时，她笑着对媒体说：“如果我结婚，就到中国来度蜜月。”她就是巧借“在何地度蜜月”的说辞来避开了敏感话题，而她机智的回答，也得到了大家的认可。

所以说，我们无论在什么时间、场合说话，都要注意变通，像“打太极”一样柔韧有度，不直接，更不死板，面对具体问题具体分析。

在一次小型联欢会上，有位观众问喜剧表演艺术家赵本山："听说你在全国笑星中出场费是最高的，一场要一万块，是吗？"

面对如此敏感的问题，赵本山沉吟片刻后说道："您的问题问得很突然，请问你在哪里工作呢？"

观众很自然地回答："我是大连一个电器经销公司的销售员。"

"你们经营什么产品？"赵本山又问道。

"录像机、电视机、录音机……"

"一台录像机要多少钱？"

"4000 元。"

"那有人给你 400 元，你卖吗？"

"那当然不能卖，价格是根据产品的价值确定的。"听到这儿，赵本山笑着说："那就对了。同样的道理，演员的价格是由观众决定的。"

当我们无法回答对方的问题时，不妨学学赵本山，从对方的语言中找到一个关键的概念，然后巧妙地改变该词的意思。这样一来，我们的回答就会无懈可击了。

周恩来在中国国内是爱护人民的好总理，在国际舞台上是能言善辩的优秀政客，周总理妙答外国记者的许多经典轶事流传至今。

一次，周恩来接见的美国记者不怀好意地问："总理阁下，你们中国人为什么把人走的路叫作马路？"他听后没有急于用刺人的话反驳，而是妙趣横生地说："我们走的是马克思主义之路，简称马路。"这个美国记者仍不死心，继续出难题："总理阁下，在我们美国，人们都是仰着头走路而你们中国人为什么低头走路，这又怎么解释呢？"周总理笑着说："这不奇怪，问题很简单嘛，你们美国人走的是下坡路，当然要仰着头走路了，而我们中国人走的是上坡路，当然是低着头走了。"记者又问："中国现在有四亿人，需要修多少厕所？"这纯属无稽之谈，可是，在这样的外交场合，又不便回绝，周总理轻轻一笑回答到："两个！一个男厕所，一个女厕所。"

周总理的随机应变至今让人佩服，谈笑之间将不怀好意的记者轻易打发，彰显了他深厚的语言组织和表达能力。通过"打太极"的方式让记者刻薄刁钻的提问无处发力，这就是变通的力量。对待事物的时候，我们要学会换一个角度思考，从不同的方面去应对，那么在人际交往中，我们便会游刃有余，左右逢源。

比如一位著名演员在出席某项娱乐活动时，有记者问他和某位女星的关系，并问他什么时候和该女星能走红地毯？这个问题纯属于个人隐私，但这名演员却坦然地回答："我们在人民大会堂的首映式上，就已经走过红地毯了啊。"他巧妙地偷换了"红地毯"的含义，完美地回答了记者的问题。

实际上，在人际交往中受欢迎的人，并不一定有着美丽或帅气的外貌，或者是时尚的装束，关键在于这个人会不会变通。一般情况下，我们都要学会在大事上坚持应有的原则，在小事上则要学会变通处理。如此，我们才能成为人际交往中的高手。

第四章

言辞优美倾人心，
有底蕴的女人魅力四射

1

设置你的第一问

采访中的第一问，是一个非常重要的环节，是我们挖掘新闻材料、打开访问对象话匣子的“钥匙”。很多时候，这一问会直接决定提问者的采访效果。因此，对第一问的设置，是衡量访问者采访水平高低的重要标准，也是其是否成熟的重要标志。

董卿在录制访谈类节目时，大多都会先问一些与被访问者经历相关的问题。比如在《朗读者》第一期采访濮存昕时，她就问道：“那在您的生命当中，有没有那么一些人，可以说没有这个人，就没有濮存昕呢？”

在采访去往武装冲突频发的阿富汗担任“无国界医生”志愿者蒋励时，她首先问道：“他们知道你是从中国来的医生吗？”

而在采访中国最具影响力的商业领袖之一柳传志时，她直接问道：“像您这么成功的人，还记不记得自己第一次遇到失败是什么时候？”

通过这些与对方经历相关的访问，会帮助她逐渐深入采访话题，也更容易打开对方的话匣子。

我们已经知道，第一个问题是非常重要的。就像开闸放水，第一道坝，就要把水位抬起来。比如杨澜在采访制片人汤姆·克鲁斯时，对方正在做电影《侠探杰克》，她的第一个问题就是：“你为什么觉得观众愿意来看这样一部电影，主人公赤手空拳，既无超能力又无外星人帮忙？”以此来“试探”他对自己的电影是否有信心，并展开双方的交流主题。

而且，所谓交谈，并不只是简单的一问一答。如果我们自己的事什么都不说，却一个劲儿地对对方的事情刨根问底。那么到最后，对方不是烦了，就是怕了。

所以，当我们处于一个访问者的位置上时，那我们的沟通对象就不只是被采访的人，还包括身边的人，比如观众。这个时候，如何把两者之间的语境和情感有效

连接，是至关重要的。

另外，我们有时切入主题的第一个话题还可以是开放式的。当然，因为是开放式的提问，所以我们就要准备接住对方不同的回答方式。比如我们要跟一位资深人士交谈，在这种情况下，我们可以提前了解下对方的专业背景，尽量少说外行话。这样一来，双方的谈话才能更加深入，而对方的“谈兴”也会更高。

2014年10月，杨澜应邀主持世界银行年会开幕论坛。这是亚裔主持人第一次主持这一广受关注的经济会议，并会进行全球现场网络直播。大会的主题是“消除贫困和共同繁荣”，为了更好地沟通，杨澜事先对接受采访的人进行了了解，并翻看了世界银行的年度报告。

开场后，杨澜向世行行长金墉和首席经济学家巴苏博士提出的第一个问题是：“对生活在贫困之中的人们来说，世界银行很大，也很遥远，请你们结合自己的经历说说，世行提出的双重标准（消除绝对贫困，全球共同繁荣）跟他们到底有什么干系？”

这种开门见山，且具有挑战性的提问方式，很容易让受访者放下自己的“架子”，并为整场谈话定下一个基调。

果不其然，顺着这个话题，金墉就谈到他当年在海地防治艾滋病时，人们对这项治疗普遍不看好，但他们最终还是找到了行之有效并支付得起的方式，可见事在人为。而巴苏博士则讲了印度沙漠地区的妇女，通过把刺绣作品销往世界各地而改善生活方式的故事，以此来说明一个数据和市场更加联通的世界，正在让消除贫困成为可能。

当然，这种开门即切中要害的说话方式，有时候也是需要一种勇气的。因为有的时候我们会因为害怕他人的不满或者拒绝，总是不敢开门见山地说话，结果自然就变得拐弯抹角、拖泥带水。其实我们只需要找到一个合适的切入点，开门见山这种说话方式还是很容易收到不错的效果。一个恰到好处的切入点，可以让对方直面问题与我们展开讨论，又或者不知不觉地陷入我们为之准备好的“圈套”之中，乖乖吐出心中所想。大胆地说出自己的看法，提出自己的见解与问题，有时候会比藏着、掖着更容易取得好的沟通效果。

而找准切入点有很多方式，对于不同的话题也需要用不同的方式切入：有的话题可以开门见山地切入，有的话题则需要好好“暖场”，有的话题可以轻松愉快地聊进去，有的话题则要营造一种深沉的气氛，让对方“入戏”才能深入……

尽管方式各样，但寻找切入点不能扯得太远，跟主题搭不上边儿的话题，那不叫切入点，从这种话题开聊，可能越聊越远。既然是切入点，这个“点”必定与主题是有关系的，切入就是从这个“点”聊进正题，而不是越聊越跑题。

2

出口成章，文采斐然

我们若想获得缜密的思维、准确地表达，就需要于头脑中有广博的知识。博览中外历史典故、政客事迹，才能时空纵横、侃侃而谈；熟读中外诗歌、大家名篇，才能引经据典、口吐莲花；游历名山大川、文化胜迹，才能言语厚重、言之有物。这些就是才气的积累，当一个人有了才气，才能变得文采斐然，自然也就能做到出口成章了。

董卿主持节目时有一大亮点——语言的辞藻美。在即兴发挥中，她经常兼顾辞藻美，将语言形式和语言内容进行完美地结合，成为优美的“散文体”。

比如董卿在主持青歌赛时，一位来自藏族的歌手因为听不太懂普通话，导致对方在综合知识问答方面的表现很差。董卿说：“其实他听不懂我们的话正如我们听不懂他唱的藏歌一样，但是他今天为我们带来的是中国海拔最高地区的歌声，歌声里他的感情我们听得懂，他唱出了打动人心灵的歌声！其实，此刻他听不懂我们在说什么，来到这座城市时他感到的是一种陌生，我们该给这样质朴的歌手更多的关怀，即使听不懂，但是歌声没有界限，情感没有界限， 相信我们的关怀他一定听得懂！”

从这段话中，我们不难看出她措辞的几个特点：1.句式的多样化。通过长短句相间，整句与散句的搭配，既酣畅地表达了情感，又使语言灵活、跳跃。2.多种辞格的糅合。在这段话中，分别运用了顶真、反复、通感等修辞手法，不仅使语气连贯流畅，语意条理分明，而且有回环复沓之美。

只有我们自己看的东西多了，积累了一定的知识与才学，才能够做到妙语连珠，说出有水平、有见解、有说服力的话。

有谁见过一个目不识丁的人能口吐莲花呢？好的口才是建立在深厚的学识基础

之上的，如果脱离了这个根本，那么我们说出的话就会成为“无源之水，无本之木”，变得淡而无味，自然无法说服别人，更别提引起他人的好感了。

就像写文章讲究“读书破万卷，下笔如有神”。说话其实和写文章一样，只有肚子里装满墨水，才能落实到笔下，运用起来得心应手。

说话也是如此。有些人和朋友或者与陌生人初次见面时，经常会出现无话可说的情况，令气氛尴尬，于是就抱怨自己天生没有一副好口才。其实，好口才并不是天生的，而是需要足够的才气底蕴作为基础，才能展现出来的。

《三字经》中有这样几句话：“谢道韫，能咏吟。彼女子，且聪敏，尔男子，当自警。”其中提到的这位谢道韫，不仅出口成章，而且文采斐然，被称为“咏絮才女”。

她是东晋政治家谢安的侄女，陈郡阳夏（今河南太康）人，王献之的妻子，即著名书法家王羲之的儿媳。她自幼好学，聪慧善辩。

据说，她在12岁那年和家人一起过寒食节。当时，谢安把几个儿女子侄们召集在一起，谈诗论文。忽然，大雪骤至，谢安欣然问道：“白雪纷纷何所似？”谢安的侄子谢朗答道：“撒盐空中差可拟。”道韫不假思索地接着说：“未若柳絮因风起。”谢安一听喜出望外。从此，这一联名句广为人们传诵，“咏絮才女”之名也让大家所熟知。

所以说，一个人是否能妙语连珠，全在于对方的内涵，也就是要有底蕴。而底蕴，则是靠文化修养得来，最好能上通天文，下晓地理，知识面越宽越好。想要获得这些，我们可以从以下几个方面入手：

首先，多看报纸、新闻。很多人都觉得男性才比较喜欢看报纸和新闻，其实女性也不能脱离那些好像跟自己没有关系的政治大事。这样我们的见识才不会和社会脱节，变成“一心只知穿着打扮，两耳不闻窗外事”的女子。

其次，关注生活细节，加强生活积累。知识、阅历、情感、生活等，都能丰富一个人的内心，提升我们的品味和内涵。所以，要想有好口才，多加强生活积累显然也很重要。

最后，多读古诗词。古诗词中最讲究语言的格律美和辞采美。我们可以利用闲

暇时间读读《诗经》，背诵一些好的古诗词，在平时说话的时候，可以加以引用。

总而言之，语言是连接人与人之间的纽带，纽带质量的好坏，直接决定了人际关系的和谐与否，甚至会直接影响到自身事业的发展和人生的幸福。而拥有卓越的口才、有技巧的说话方式，不仅是家庭幸福的法宝，更是一柄让我们能在事业上披荆斩棘的利剑，增加自身个性魅力的法码。

3

有感染力的措辞让人倾心

哈佛大学前任校长伊立特曾说过："在造就一个有教养的人的教育中，有一种训练是必不可少的，那就是优美而文雅的谈吐。"的确，一个说话字字珠玑、文采飞扬的人，总是让人感到佩服。但是，那些能够根据不同的情况、地点、人物，来变换自己说话的语气和方式，让自己的语言更具感染力的人，却更容易受到欢迎。

语言优美、富有感染力，是董卿主持风格的一大特色。

比如第十四届青歌大赛上，董卿在送别落选选手时，她这样亲切地说："我们都知道今年是四年一届的世界杯又拉开了序幕，而过一会儿是东道主南非队和墨西哥队揭幕式赛事正酣的时刻。今年的世界杯主题曲有句歌词是'天涯不过，你我胸怀'。这一刻我们可以把它看作离开舞台的一刻，这一刻我们也可以把它看作是新的旅程起航的时刻，就看你们用什么样的胸怀去对待它，祝福我们年轻的选手们，也感谢你们用青春、用歌声装点了我们的舞台。谢谢你们，你们也辛苦了！"

朴实真挚的语言，让董卿的话充满了感染力，观众对她报以热烈的掌声。

由此我们可以看出，充满感染力的语言，并不只是文绉绉的古文诗句，这种极具口语化的表达，同样是吸引受众的魅力所在。比如脱口秀，这就是一种将主持人具有个性特征的语言、综艺素养和魅力，发挥得淋漓尽致的口才表达方式。

在一次辩论场上，两方辩手进行着最后的比拼。原本双方的能力都差不多，但因为正方总能带出几句华丽的措辞，让人感觉知识渊博，有点无懈可击的感觉。结果自然是正方获胜了。

评委老师表示："可以看出来，两方可谓旗鼓相当，但因为正方在辩论中抛出的华丽辞藻，为他们加了分。当然，有人可能觉得华丽的措辞不能说服人，但不得不说，在这种无论是逻辑及论据都不相上下的情况下，华丽的辞藻让他的观点更具感染力。”

想要让表达具有感染力，就要求我们的谈吐既要有知识、趣味，又能用丰富的表情和优美的声音来表达，这样能让我们收到意想不到的效果。那么，怎样才能让自己的言谈富有感染力呢?

首先，我们需要学会控制说话的音量。比如在交际场合中，我们的音量都以对方听见为宜，电话中则要再略低一些。如果我们不注意自己的音量，很容易导致对方的注意力不集中，降低交际效果。

其次，眼睛看着对方。看着别人的眼睛说话是一种礼貌，表示我们没有忽视他。同时，这也是一种自信的体现。

最后，要微笑。心理学上的情绪效应认为，一个人的情绪会通过我们下意识的姿态、表情等传达给对方，并且在不知不觉中，这种情绪会感染到对方。因此，我们如果想给对方留下美好的印象，就应该在交谈的过程中微笑地看着对方。因为自然的微笑会向对方传递一种“听你说话我很快乐”“很高兴见到你”这样的信息。

很多女人只对自己的外貌、服饰感兴趣，也很有信心，但她们却很少能留意自己的言谈。事实上，作为一名女性，我们若想让自己变得更迷人，除了外在条件，还得注意自己的语言表达。这不仅是为了吸引异性，与我们个人工作顺逆成败也有着很大的关系。

所以，我们需要学会妙用修辞，以便我们能从更多的词汇和角度来表达自己的观点和思想，让我们所说的话更有感染力。

4

唯美的开场白，最动人心

也许我们并不是一个天赋很高、口才犀利、心理素质强大的人；也许我们性格内向、不善辞令、想和人交流却又缺乏自信；也许我们遇到想说的话，内心澎湃却张口无言，不知道第一句该怎么说……就像高尔基所说的：“最难的是第一句话，如同音乐一样，全曲的音调都是由它来决定的，一般要花较长的时间去寻找。”

所以，想让自己成为口才高手，一张口就能抓住人心，而这并不只是依靠我们的心理素质、知识积累、语言天赋、性格人品，一个唯美的开场白，是非常重要的。比如董卿主持的《朗读者》，每一期的开场白都是如此的唯美、深刻，直抵人心。

董卿主持的《朗读者》第一期的主题词是“遇见”，节目开场白是这样的：“大家好，我是董卿。今天，是朗读者节目第一次和观众见面，所以，我们第一期节目的主题词，也特意选择了‘遇见’。”

“古往今来，有太多太多的文字，在描写着各种各样的‘遇见’。‘蒹葭苍苍，白露为霜，所谓伊人，在水一方。’这是撩动心弦的遇见；‘这位妹妹，我曾经见过。’这是宝玉和黛玉之间，初见面时欢喜的遇见；‘幸会，今晚你好吗？’这是《罗马假日》里，安妮公主糊里糊涂的遇见；‘遇到你之前，我没有想过结婚，遇到你之后，我结婚没有想过和别的人。’这是钱钟书和杨绛之间，决定一生的遇见。”

“所以说，遇见仿佛是一种神奇的安排，它是一切的开始。也希望从今天开始，《朗读者》和大家的遇见，能够让我们彼此之间，感受到更多的美好。”

“世间一切，都是遇见，就像冷遇见暖，就有了雨；春遇到冬，有了岁月；天遇见地，有了永恒；人遇见了人，有了生命。”如此唯美感人的开场白，听后，人的眼泪仿佛就要落下了。

一个节目的台词写得好不好，我们不一定要听完整个主持才知道。有时候，光

听听开场白，就知道这个台词写得如何了。

很多主持人的开场白都是："大家好，我是……我们今天的主题是……"这是最常见也最保险的开场白。我们不能说观众对这种平庸的开场白感到不耐烦，但它确实不够特别，更谈不上唯美。事实上，选择使用唯美的语言来开场，更容易吸引观众的注意力，使其欲罢不能。

并且，很多观众对平庸的论调都显得不屑一顾。如此一来，如果我们能用唯美的语言和别人意想不到的见解来引出话题，造成"此言一出，举座皆惊"的艺术效果，马上就会让观众感到震撼，从而使他们急不可耐地听下去。

当然，唯美的开场白除了语言优美之外，还必须是感动人心的。所以，我们还需要在语言感情上下功夫，让开场白显得更有力量。

1863年，美国葛底斯堡国家烈士公墓峻工。在落成典礼那天，国务卿埃弗雷特站在主席台上，看着眼前的人群，再看看远处的麦田、牧场、果园、连绵的丘陵和高远的山峰，他心潮起伏，感慨万千，马上改变了原先想好的开头，说了这样一段开场白：

"站在明净的长天之下，从这片经过人们终年耕耘而今已安静憩息的辽阔原野放眼望去，那雄伟的阿勒格尼山隐隐约约地耸立在我们前方，兄弟们的坟墓就在我们脚下，我真不敢用我这微不足道的声音打破上帝和大自然所安排的这意味无穷的平静。但是我必须完成你们交给我的责任，我祈求你们，祈求你们的宽容和同情……"

这段开场白语言优美，节奏舒缓、感情深沉，人、景、物、情是那么完美而又自然地融合在一起。据说，当埃弗雷特说完这段话后，不少人已经热泪盈眶。

唯美动人的开场白，并不是让我们故意绕圈子，也不是离题万里、漫无边际、东拉西扯。否则不仅会冲淡主题，也容易让观众感到倦怠和不耐烦。关于这一点，我们必须做到心中有数，还应注意点染的内容必须与主题相互辉映、浑然一体。

总之，唯美式开场白的关键，就是要让人觉得感动。而令人感动的开场白都有一个共同的特点：具有真情实感。也唯有真情实感，才能算得上是佳作！

5

好声音也可以增添一个人的魅力

古希腊的医生伽林曾说过：“声音可以反映出一个人的灵魂。”声音是完美女人最昂贵的化妆盒，是女人的另一件犀利武器。动听的声音就像电台里美妙的音乐一样，沁人心脾。而一个人的声音如果柔美，哪怕是嗔怪、训斥，都带有一种天籁般的美感。所以，好的声音是能增添一个人的魅力的，比如董卿。

有人说，董卿一开口，声音太美了，一直听都不觉得烦。董卿的声音明朗、柔和、温暖，让人不自觉地想要闭上眼睛静静聆听，跟随她的声音进入那美轮美奂的意境。在《朗读者》中，董卿在节目的开场或中间部分都会承上启下地说出一些意境优美、引人深思的话。

在第七期开场，董卿说：“告别是一种心情，告别也是一种决定。南飞的大雁是对北方寒冷的告别；秋天的落叶是对炎热夏的告别；雨季是对干旱的告别；彩虹是对风雨的告别；山重水复后的柳暗花明是对迷失的告别；‘晚风拂柳笛声残，夕阳山外山’；‘海内存知己，天涯若比邻’是豪迈的告别。每一次的告别，都有一个故事，或激情燃烧，或凄美动人，或惊心动魄。告别不是遗忘，而是转身，告别不是放弃，而是开始！”

跟随董卿的声音和情感，我们会不由自主地想到，自己都曾经历过哪些或被动或主动的告别？

董卿说：“声音是一种传递信息的介质。朗读与音乐相通，都是传递爱的方式。在《朗读者》中，你要做的是用心去聆听。”用她的声音，董卿带我们领略到了文字的魅力，朗读的精彩。

另外，在日常生活中，我们经常会发现，电视台的女主持人声音都非常好听，而身边也不乏温润动人的声音。当对方开口讲话时，即使内容很普通，自己也会觉

得这是一种享受。这是因为主持人都受过专业的发声训练，经过努力的锻炼和勤奋的付出，她们拥有了独特的发音技巧，使得声音更加圆润饱满。常年的训练使主持人嗓子的音色也会得到极大改善，这时候她们说出来的话就会有极大的感染力，很容易获得听众的认同。我们虽然无法轻易达到电视台主持人的发声水平，但是只要用心尝试着去改变，相信我们的表达能力、表达效果一定会更上一层楼。

况且，好的音色不光有利于语言表达，在和他人的交际中，我们的思想和观点，都是以声音为媒介表现出来的。拥有悦耳动听的声音，能够架起彼此心灵之间沟通的桥梁。

东方卫视曾经有一档节目叫作《幸福魔方》，它是一个处理人与人之间纠纷的电视节目。在节目当中做最后分析的是一位女心理学博士。这位心理学博士语音较低，音色甜美，使得节目的嘉宾和观众在最后都能耐心地听她娓娓道来，沉浸在她轻柔亲切的声音之中。这种音色与音调非常容易引起大家的共鸣。

温言细语、谦顺柔和，是女性特有的语言风格，使人倍感亲切。温柔的声音是人类最美妙、最动听的声音，有一种直达人心的魅力。

那么，什么样的声音才算得上是好声音呢？简单来说，就是让人听着舒服的声音。就拿歌手来说，有的歌手声音的辨识度很高，风格明显，就容易被听众记住。而有些歌手则因为模仿的痕迹较重，不容易让听众辨别，所以被牢记和喜欢的可能性就相应较低。我们的声音也是如此，它很大程度上能够反映出自身的某些特征，是我们的一个标签。

想要获得好声音，音调和音量都要适宜。并且，好的声音是可以通过练习实现的，它有一些基本的要求：持久、有力、准确、清晰、圆润。为了达到这些要求，我们必须对自己的声音加强训练。

首先，我们需要练习共鸣和气息。要使自己的声音洪亮、浑厚，充满磁性，就必须充分利用共鸣腔，让声音的震动在口腔、鼻腔甚至胸腔得到共鸣、放大，声音才会显得饱满、圆润、高扬。此外，我们在说话时要尽量让自己的气息贯通，让声音尽量沿着口腔内部的中纵线穿透而出，这样才能使自己的声音显得集中而明亮。

其次，要想使自己的声音具有魅力，就要提高自己的口语表达能力。其中，明

朗、愉快、低沉的语调是吸引人的最大秘诀。如果我们说话的语调偏高，就要练习让语调变得低沉一点，这样声音才更迷人。

除此之外，自身音调的高低也要妥善安排，说话时，速度的变化与音调的高低，必须搭配得当，才能让语言产生出奇的效果。

靳羽西女士是全球公认的最有气质的东方女性之一，她说：“我专门向语言专家请教过说话的技巧，说话时尽量把声音放低，听起来会比较好听，显得人有涵养、有底蕴，容易赢得人们的好感和信任。”所以，那些嗓音天生不那么完美的女性，不妨试着降低自己的音量，同样会让我们拥有动人的声音。

引经据典，极具吸引力

人们在提出一个观点时，为了把问题分析得更透彻，把话说得更明白，也为了让自己更有魅力，通常会采用引经据典的方法。这样不仅可以让语言更具说服力，还能给语言的内容提供思想观点，增强语言的厚重感。

有人这样形容《中国诗词大会》上的董卿：“一颦一笑，一字一句，都散发着魅力！”因为董卿在《中国诗词大会》的每一期节目中，总能引经据典，用不同的诗句来烘托现场氛围，使现场诗意盎然。

比如在节目的第三场，当台下的专家在探讨李贺的诗词，抛出一句“天若有情天亦老”时，她马上脱口而出：“月如无恨月长圆。”紧接着又说道：“‘天若有情天亦老’在古代就非常有名，很多文人雅士拿它作为上联来求下联。比如‘天若有情天亦老，世间原只无情好。’”

再比如节目的第六场中，百人团中一位选手离家在外，为了教女儿背诗，将词谱成曲。身为主持人的董卿瞬间被时光交错的父女情所感动，随后便送上自己非常喜欢的一首叶赛宁的诗《我记得》：“当时的我是何等的温柔，我把花瓣洒在你的发间，当你离开，我的心不会变凉，想起你，就如同读到最心爱的文字，那般欢畅。”

善于引经据典的女人，总能用寥寥数语，就描述出一件事或一个人。人们在听的时候更容易、也更愿意记住，慢慢回味这一小段话语，并不自主地把自己融入到优美、令人陶醉的意境中。

况且，美是动态的，是会传染的，在引经据典的同时，它也会潜移默化地影响着我们的精神世界。比如长期在古今典籍熏陶下的女人，会变得更喜欢思考，从而由此及彼对自己进行“自我完美”。时间一长，我们的气息和言谈举止都会改变，从内而外散发出魅力之美。

一分柔情，二分优雅，三分浪漫，四分智慧，做一个有魅力的女人，在城市嘈杂的人群中脱颖而出，才是真正的“乱世佳人”。

著名主持人欧阳夏丹，原本是央视经济频道《第一时间》的主持人。在2008年北京奥运会期间，她与白岩松搭档主持晚间的《全景奥运》栏目，主要负责回顾这一天中体育赛场上发生的种种热点事件。

而作为一名以往很少出现在体育节目中的主持人，欧阳夏丹在这次主持《全景奥运》的过程中，堪称是一匹“黑马”。期间，她发挥出自己知识渊博的特点，经常引经据典，以拓宽话题的空间，可谓风格突出。

尤其在主持过程中，她虽然无法从专家的角度来阐述问题，但其语言风格依然显得干脆利落，毫不拖泥带水，延续了她在经济频道主持节目时的快人快语之风。

爱美是每个女人的天性，因此很多女人为了美，花了不少心思。如去购买价值不菲的衣服、化妆品、首饰等，想通过外在的包装使自己更具有魅力。这当然不是没有效果，但如果一个女人没有内涵，那再怎么打扮恐怕都是徒劳。

古语云：“腹有诗书气自华。”唯有拥有知识的女人才能读懂生命的内涵，延伸自己精神的长度，拓宽自己人生的空间。而一个能够随时引经据典的女人，自然是积累了很多知识才能做到的。

当然，善于学习的女人，不只是通过读书来取得进步，她们会紧跟时代的步伐，不断学习新知识。比如去学习心理学，以便自己在生活中更善于察言观色，营造更加和谐的人际关系；或者每天观看新闻，有效把握时代的脉搏。

总之，女人的美丽，是一个需要慢慢修炼的过程。有魅力的女人，当然需要岁月的磨砺，在人生的种种境遇中，不断成熟、完善。

7

“俗语”不“俗”

交流时，我们不可避免地都会说一些谚语、时语、歇后语和口头上常用的成语等俗语。很多时候，这些俗语听起来就是一些浅显易懂的大白话，但运用起来却并不显低俗，反而像埋没在泥土之中的金子，只有在拨开污泥之后，才会显现出它的价值和光芒。

在《中国诗词大会》中，董卿也会时不时地说一些俗语，其中以一些口头上常用的成语为最。这不仅展现了她丰富的文化底蕴，还为她的主持词起到画龙点睛的作用。

比如在第一期中，董卿说：“从今天开始，我们将和大家一起展开一场诗词之旅，去重温那些历久弥新的经典诗句。我想这样的温故知新，可以拂去我们记忆上的灰尘，而古代文人的情怀和智慧，也同样能点亮我们今天的生活。人生自有诗意，来吧，一起加入我们的诗词狂欢！”一句“人生自有诗意”，瞬间为这句开场白增添了几分亮色，更让人们开始思量自身对精神层面的需求。

第五期中，董卿表示只要自己站在台上，就应该争取做到最好时说：“其实中国人说，士为知己者死，女为悦己者容，我每次上台，大家总是给我很多的掌声，而且表达了很多对我的喜爱，所以能为各位做一些，这本身就是我的本职工作。做得更好也是我应该的。”一句“士为知己者死，女为悦己者容”，也让大家感受到了她的真心实意。

无论是简单的说教，还是阐述人生哲理，凡是能生动形象地运用俗语说话的人，总有一种乐观向上的态度，在表达自己意见的同时，也给人留下平易近人的好印象。

更何况，有的俗语能够表现出人们世世代代积累的生活经验，有的则蕴藏着引人深思的人生智慧，或是令人终身受益的深刻哲理。因此，若我们能在自己的语言中适当地运用俗语，不仅能增强说服力，还能让我们说出的话显得更加活泼，有助于提升自己的亲和力。

一位主妇在生完小孩后，胖了近20斤。有一天，她听朋友说骑马对减肥有效，于是就报了一个骑马的训练班。为了让自己能够瘦下来，她每天按时按点地到达训练班，教练都记住了她，夸她是最能坚持的一个学员。

没想到三个月过后，她一斤没瘦，马却瘦了10斤。她把这个尴尬的结果讲给朋友听，朋友听后哈哈大笑。笑完后，朋友担心伤到她的自尊，但她却故作自嘲地说："有句俗话是'美人上马马不知'，如今我骑上去却是'肥婆上马马不知'。虽然没有瘦，我却学会了骑马。"一句简单的俗话，就轻松解除了双方的尴尬。

不过，俗语虽好，却也不能随意运用。否则，很可能会适得其反，从而为我们带来尴尬。因此，在使用俗语时，我们要注意以下几点。

首先，要弄清俗语的意义。要知道，很多俗语都不能只从字面上去理解它的意义，比如"平时不烧香，急来抱佛脚"说的是临时想办法；"含着骨头露着肉"是指说话半吞半吐，不把意思完全说出来。这样的例子有不少，而这些俗语蕴含的道理，都和它们的字面意思相差较远。所以，判断俗语使用正误的重要一步，就是弄清楚俗语的意义。

其次，运用俗语确是可以增加语言的表达效果，但要注意它是否适合整句话的语境，否则很可能会弄巧成拙。比如"小刘是公司工作能力最强的，做起事来真是老牛拉破车，慢而有条理，令人佩服"。这句话原本是为了表扬一个人的工作作风，却错用了带有贬义色彩的"老牛拉破车"，结果意思就完全改变了。

最后，我们要注意运用俗语的时机、场合和语言环境。因为俗语的一大特点就是口语化，所以在做演讲、报告等严肃认真的时刻，我们就不应该过多地使用诙谐类的俗语。而在比较庄重的场合中，除非有调节作用的必要，也不应过多使用俗语，以免留下不够尊重人的不良印象。

总而言之，面对生活中丰富多彩的俗语，我们应该用心去捕捉，巧妙先用。如此，才能让我们说出的俗语达到不"俗"的效果。

8

方言的独特韵味让语言飘香

从小我们就会背“少小离家老大回，乡音无改鬓毛衰”的诗句。所有的方言，有着它独特的韵味。当久居在外，忽然听到一句熟悉的话时，瞬间就有种“逢知己”之感。

方言，也就是我们俗话说的地方话，属于某种语言的变体，每个地区的方言都有不同的发音和语法构成。如果主持人在节目中说一些方言，这种带有独特韵味的语言，定能给节目增色不少。

在一期《中国诗词大会》中，在说起韩愈的《早春呈水部张十八员外·其一》这首诗时，大家纷纷表示这首诗如果用方言朗诵的话，会很有味道。郦波老师说：“最适合用像广东话这样的南方方言，还有福建话、闽南话，包括吴方言、湘方言都可以。因为它保留了大量的入声字。”

董卿马上接道：“如果用上海话念的话会怎么样？”嘉宾表示吴方言也很好，“董卿是上海人，来一段。”然后董卿就用上海话念了一遍：“天街小雨润如酥，草色遥看近却无。最是一年春好处，绝胜烟柳满皇都。”

一首被董卿用方言读出的诗，确实吴侬软语，很有味道。

有人说：“方言是一种社会现象。”因为大多数方言的形成，都是由于封闭、阻隔、交流不畅、语言发展不同步等原因。并且，方言能够准确地折射出当地人的性格特点。

每个地方方言，都是经过几十年、几百年，甚至几千年地方文化的积淀，具有深厚的地方特色。很多人觉得普通话才是“正道”，所以普通话成了一种时尚。

殊不知，一味地崇尚普通话，扼杀地方方言，很容易出现“一枝独秀”的局面，造成地方本土文化的流失，甚至是中国文化单一性的格局。方言的存在，能够形象

生动、准确地表达出语言的内涵，而普通话则无法体现方言的独特韵味，有时甚至有些干瘪、失真。

比如赵本山创作的一系列影视作品、小品等，都含有东北方言。其作品通过广泛传播后，现在很多人都能说上几句东北方言，像什么“嘚瑟”“忽悠”等。

还有倪萍多年前主持综艺节目《欢声笑语》时，为了更加形象地表述内容，她曾为观众表演了一下“山东方言播天气预报”，结果自然是轻松幽默，笑翻全场！

不得不说，这种通过方言表现人物形象的作品，确实能给人一种全新的感觉：当地人觉得亲切，其他地方的人则觉得特别新鲜。

2016年7月，由爱奇艺出品的国内首档方言音乐综艺《十三亿分贝》，举办了媒体看片会。人们发现，这档节目除了选拔了一批来自民间的方言音乐人之外，在表现形式上也打破了常规，采取了直播与录播相结合的形式，更加注重现场的互动性。期间，著名主持人汪涵、撒贝宁等人的加盟，更让节目笑点频出。

在节目中，汪涵表示，参加这档节目与他目前从事的方言保护研究工作有着紧密的联系。因为汪涵于2015年在长沙启动了“响应计划”，只要目的就在于对湖南的方言进行调查、分类和整理。

汪涵说：“‘响应计划’的灵感来源就是繁体字中的‘響’。上面是一个乡村的‘乡’，下面是一个声音的‘音’，所以我觉得最响亮的声音就是乡音。乡音一直在被我们使用着，但真正能从乡音中感受到文化依存，或者是对中国传统文化承上启下的魅力的人却不是特别多。很多人甚至对乡音慢慢遗忘，在自己身上眼睁睁看着它消失。”

汪涵希望能有更多的年轻人来重视乡音，重新认识自己家乡的方言，以及其中蕴含的历史文化，而流行音乐正好属于年轻人最容易接受的一种方式。所以，汪涵与《十三亿分贝》这样一档弘扬方言音乐的节目一拍即合了。

不得不说，目前随着社会的发展，有些方言不仅没有消失的危险，反而会发生一些与时俱进的变化。因此，现在很多地方的方言词依然非常丰富。

比如四川方言与普通话除了音调不同之外，其他特点都基本相近。而且四川方言还具有它独特的语法特色，明显特征是习惯于副词、动词和形容词的后缀，强调

的语气比较重。比如普通话说“很高兴”“很舒服”，用四川方言来说，就是“高兴得很”“安逸得很”“巴适得很”。

当然，每种方言的背后，确实都存在着很多故事，甚至有传承了上千年的风俗习惯。但我们还是要注意一点，由于方言来自于民间，跟民间的生活方式等更是紧密相连，并不如普通话工整规范。所以，方言虽然有凝练、智慧的语言，但是也会有低俗不堪的语言，而有些节目为了吸引观众，主持人津津乐道并刻意模仿的，恰恰是后者。如此，就会造成语言内容简单、评论肤浅的负面影响。

9

有创意的表达，价值千金

有一些女人，无论走到哪里，都会成为人群中的焦点，很自然地将别人的眼球吸引过去。这不是因为她们的美貌，也不是因为她们穿戴华丽，而是因为她们才气逼人的谈吐及有创意的表达，所散发出来的独特魅力。

当然，想要做到表达有创意，与个人天赋并没有什么太大的关系。而是要有深厚的文化知识做底蕴，再通过敏锐的洞察力去感悟，在生活的每一个片段中不断地搜寻、提炼，最终把它与自己的生活融会贯通，才能达到独特而有创意。

在《欢乐中国行》走进鄱阳时，董卿向在场的观众们说："观众朋友，鄱阳啊，可是中国古代著名的古战场。周瑜曾经在这里操练水兵，而且鄱阳县也是鄱阳湖历史的发源地，自古这里就与湖有着不解之缘。"

紧接着，她又说道："生活在这里的人们可以说是以鄱阳湖为生、以湖为家、以湖为友。今天呀，我们不妨把这个'湖'字拆开来看，它是由水、古、月三个字组成的，我觉得这就很好地概括了我们鄱阳的精神特质。你看，'水'代表着鄱阳的湖文化，'古'自然是指鄱阳有着悠久的历史，而'月'象征着纯洁与美好。"台下顿时掌声一片。

才华是我们必不可少并且要不断修炼的东西。才华不能投机取巧地移植复制，更不能一蹴而就地拥有，它是一种阅历的积淀，是一种饱读诗书的厚重。有才华的人因为有了丰富的知识，才能比常人更洞明世事，也更容易与人沟通。

正所谓"一人之辩，重于九鼎之宝；三寸之舌，强于百万之师"。从古至今，语言就充满着独特的魅力和无穷的力量。当我们拥有了学识之后，即使是岁月的青霜爬上发梢，也会风韵犹存，不失典雅的风范。

民国才女林徽因以思维敏捷、妙语连珠为人们所称颂。在她的语言中，我们总能感受到闪烁的智慧和学识，引发着人们的共鸣，不断感染和影响着他人。

梁思成的第二任妻子林洙，曾在《梁思成、林徽因与我》一书中，说起过这样一个关于林徽因的故事："她是那么渊博，不论谈论什么都有丰富的内容和自己独特的见解。一天林先生谈起苗族的服装艺术，从苗族的挑花团，谈到建筑的装饰花纹。她又介绍我国古代盛行的卷草花纹的产生、流传，指出中国的卷草花纹来源于印度，而印度的来源于亚历山大东征。"

"她指着沙发上的那几块挑花土布说，这是她用高价向一位苗族姑娘买来的，那原来是要做在嫁衣上的一对袖头和裤脚。她忽然眼睛一亮，指着靠在沙发上的梁公说：'你看思成，他正躺在苗族姑娘的裤脚上。'我不禁噗嗤一笑。"

一个有才气的女人，话语从她们的口中说出来，常常如同春雨般沁人心田。不论何时，不论何种场合、何种问题，她们都会依据自己的知识，从独特的角度去思考，表达新颖有创意。在别人绞尽脑汁、不知如何解决问题时，她们会根据自己的经验和积累，来辨明问题，解决问题。

如果说口才是人的一张名片，那么，所讲的内容便可以折射出一个人真正的内涵。其实，内涵是一个人所展现出来的纯净平衡的心态，而且一个有内涵的人，往往都是有极高修养的。

所以说，一个人说话的魅力，并不只在于我们的声音多么动听，更重要的是所表达的观点是否有新意。

那么，如何才能让我们说出的话有创意呢？孔子云："情欲信，辞欲巧。"刘勰说："文辞气力，通变则久。"前一句在强调"巧"字，表示想要思想感情真实，语言的表达就应该巧妙；后一句则是在突出"变"字，认为文辞的气势只有变通才能传之久远。而这不仅是在说明前人对巧妙变化表达的重视，也说明了一个道理：巧变，表达才会有创意。

想要达到这一点，我们不妨在闲暇时多看一些书，为自己增加知识内涵。而我们有了内涵，才能口吐莲花、妙语连珠、见解独特，从而倾倒众人。

10

结尾要回味无穷

俗话说："编筐编篓，全在收口。"我们在说话时要想获得全面成功，同样需要精心设计好结尾。如果好的话题切入点是"凤头"，那好的结尾就是"貂尾"，该强劲有力，方能承担起收拢这个谈话过程的任务。

所以，话题的结尾不仅要有文采，还要坚定有力，既能概括前言，又耐人寻味充满情趣。如此才能使整个谈话主题得到升华，并收到良好的效果。

在录制《朗读者》时，采访结束的时候，董卿都会说一句结束语，对之前的访谈以及主题做一个总结。

比如在采访失去听力的杨乃斌时，她总结道："真好，说得非常好。因为妈妈的爱让你能够成长为一个对社会有用的人，而今天乃斌也要用自己的努力去帮助更多的残疾人，让他们也能够有更好地生活。接下来我们就欢迎乃斌为妈妈朗读这篇文章。"

谈话的结束语，其任务是托负整个话题。好的结尾具有画龙点睛的作用，可以让观众余兴未尽，回味无穷，鼓舞斗志，振奋精神。无论我们采用哪种方法结尾，都必须做到简短有力，干净利落，切忌拖泥带水，画蛇添足，或者草草收兵，软弱无力。

明代学者谢榛说："起句当如爆竹，骤响易彻；结局当如撞钟，清音有余。"就像开头一样，结尾也是大有讲究而不可随意为之的。如果一次聊天话题的开头和高潮都很精彩，结尾又出人意料、耐人寻味，肯定会锦上添花，给人以美的享受。

丘吉尔是英国前首相，也是当时著名的演说家。2002年，获选为有史以来最伟大的英国人。在1940年6月4日丘吉尔在下院通报了敦刻尔克撤退成功，但是也提醒英国人民"战争不是靠撤退打赢的"。随后丘吉尔旋即发表了他在二战中最鼓舞人心的一段演说：

这次战役尽管我们失利，但我们决不投降，决不屈服，我们将战斗到底。我们必须非常慎重，不要把这次援救说成是胜利。战争不是靠撤退赢得的。但是，在这次援救中却蕴藏着胜利，这一点应当注意到。这个胜利是空军获得的。归来的许许多多士兵未曾见到过我们空军的行动，他们看到的只是逃脱我们空军掩护性攻击的敌人轰炸机。他们低估了我们空军的成就。

……

从今后，我们要做好充分准备，准备承受更严重的困难。对于防御性战争，决不能认为已经定局！我们必须重建远征军，我们必须加强国防，必须减少国内的防卫兵力，增加海外的打击力量。在这次大战中，法兰西和不列颠将联合一起，决不屈服，不投降！

呼吁号召式的结尾，简短有力，一方面指出了当下的困难，另一方面展开了对未来的规划，并提出号召要求，坚持反抗到底。丘吉尔通过这次演讲给战争中的英国人民带来了巨大的鼓舞和信念，彰显了优秀的语言表达能力。

芝加哥一名交通经理演说时，在结尾上就做得比较成功。当时他想要讲述的主题已经结束，然后他说：“各位，简而言之，根据我们在自己后院操作这套信号系统的经验，根据我们在东部、西部、北部使用这套机器的经验，它操作简单，效果很好，再加上在一年之内它阻止撞车事件发生而节省下的金钱，使我以最急切及最坦荡的心情建议立即在我们南方分公司采用这套机器。”

另外，《世界也有我们的一半》的演讲的结尾也是非常精彩。演讲者在最后说：“我相信，女性是伟大的！我也相信，男性是伟大的！我更相信我们都相信，伟大的男性和伟大的女性，加起来才是伟大的人们！他们的自信、自尊、自爱焕发出来的巨大搏力才是伟大的文明！”

这种恳切、热情、概括的结尾，明显起到了深化主旨的作用，很容易给观众留下清晰、完整而又深刻的印象。

而除了这种总结呼应式结尾之外，还有以下几种常见的结尾类型。

比如以提希望、发号召、表决心、立誓言等激起听众感情的感召式结尾。古希

腊演说家德摩斯梯尼曾用这种方式做过结尾："同胞们，我们究竟要到什么时候才能采取行动？当雅典的航船尚未覆灭之时，船上的人无论大小都应该动手救亡。一旦巨浪翻上船舷，那一切就都会同归于尽……即使所有民族统一忍受奴役，就在那个时候我们也要为自己而战斗。辞令的灵魂就是行动！行动！再行动！"这个慷慨激昂的陈词，号召人们拔剑奋起，反抗了马其顿国王腓力二世的入侵。

还有抒情式的结尾，这种结尾总能给人一种言尽而意未尽之感。比如郭沫若的《科学的春天》中，就是这样结尾的："春分刚刚过去，清明即将到来。'日出江花红胜火，春来江水绿如蓝。'这是革命的春天，这是人民的春天，这是科学的春天！让我们张开双臂，热烈地拥抱这个春天吧！"

结尾的方式还有许多，具体我们可以根据话题的内容，选择恰当的结尾。但是，在准备结尾时，我们也要注意保持饱满的情绪，尽量完善自己的形象，从容镇静、善始善终，切不可虎头蛇尾，甚至画蛇添足。

总之，我们的结尾既要显出话题的分量，又要显示出自身的修养，最好能设法形成强烈的说服力，使观众感到余味无穷，并得到思想的启迪和美的享受。

第五章

不卑不亢陈述观点，
你的温柔要带点锋芒

1

敢于表达自己的观点和态度

敢于说出自己的观点和态度的女人，是有主见的女人。这样的女人不会盲目地听信别人的言论，即便碰到挫折也能勇于面对。她们敢于逆水行舟，不惧怕别人的嘲讽，坚持个人的主见，毅然决然地走自己的路！

在一期节目录制中，有位评委认为之前的选手有“职业精神”，还特意提起了主持人董卿给刘谦当“托儿”的事情，来证明自己说得对。董卿当时就“发飙”反驳道：“他们俩那叫有职业精神吗？你以为就在那搅局就叫有职业精神吗？作为演员在台上站着，并把最好的一面呈现给观众，那才叫有职业精神！”

三毛曾说：“生命短促，没有时间可以浪费，一切随心自由才是应该努力去追求的，别人如何议论和看待我，便是那么无足轻重了。”

尽管从谏如流，可以让一个女人少走弯路，但是一个事事都听从别人意见的女人，不仅她的能力会受到周围人的质疑，她的职业生涯也一定是黯然无光的。所以说，我们无论做什么事都要有一点主见，而不是墨守成规或人云亦云，改变或放弃自己的观点和看法。

另外，这个世界上有两种人：一种人会消耗我们的能量和创造力；另一种人则会给予我们能量，支持我们的创造，哪怕只是一个简单的微笑。而我们要做的，就是拒绝成为第一种人，去做自己想做的人，说自己想说的话。即便有人不喜欢，也随他去吧。敢于表达自己的观点和态度，才是让自己感到快乐的选择。就像柴静所说的：“关键不是别人能给什么，而是自己内心想要什么。”

性格沉稳的柴静，骨子里其实是极有主见的一个女孩子，她敢于表达自己的观点和态度，从不循规蹈矩。

在柴静的《看见》出版前，柴静对封面的图片设计持有很大的反对意见。尽管封面图案是经过出版社及名设计师精心设计过的，但是柴静依旧说道："照片主体基本是我，有四五十张，看到后我本能反应，不希望有这么多照片。"

为了让出版社重新修改封面，柴静跟设计总监以邮件频繁来往，以至于最后双方都已经到了剑拔弩张的状态。即便如此，柴静依旧坚持自己的意见，不断地给对方写信打电话，直到对方同意。

后来，柴静又看到封面标题的摆放位置和大小十分不妥，她直接生气地说："我不能忍受我的名字那么大出现。"最终，出版社还是按柴静的想法设计了封面。

"走自己的路，让别人说去吧！"不可能所有人都同意我们的观点，甚至还会有一些人不理解我们这么做的原因，对我们产生误解。但相对于未来我们能收获更好的自己来说，这点误解算什么呢？我们需要担心的不是别人的不认可，而是我们是不是因为不敢表达自己的观点和态度，而错失了更多！

比如，当我们被称赞"性格好""没脾气""文静"时，可能没觉得怎样。但时间一长我们就会发现，这样的我们不知道自己的原则在哪里，而别人自然就慢慢变得不再重视我们、珍惜我们。

况且，女人有自己的主见，敢于表达自己的观点，并不意味着我们是一个人的孤芳自赏，也不表示我们不会听别人的意见。恰好相反，大多敢于表达自己观点的女人，都会虚心地听取他人的正确意见，有则改之，无则加勉。

另外，敢于表达自己观点和态度的女人更能抓取幸福。因为她们善于全面、正确地认识客观事物，然后通过思考分析、制定合理的理想和奋斗目标，并且不断地修正，使自己的人生之路走得更好。

就像世界上有这样一种女人，不管她嫁的丈夫是家境贫寒还是富有，她都有能力让自己幸福。这样的女子不一定漂亮，但一定是聪明且有主见的，敢于表达自己的观点，她能用自己的方式追求幸福、享受幸福，将平淡生活"点石成金"。

2

“对不起，我的善良很贵”

生活中、电视剧情中，我们经常会遇到、看到这种情况：心肠太软的人，很容易被别人当软柿子捏；心眼太好的人，则容易被别人当成缺心眼儿。那些越是善良的人，越容易变成被欺压的对象。善良本是一种美好的品德，为什么会遭遇这样的结局？因为没有“牙齿”的善良，其实与软弱无异。

在公众号“睡前伴读”里看到《董卿：对不起，我的善良很贵》一文中写道：“要做一个有棱角、有锋芒的善良人，懂得用智慧惩恶扬善，在好人那里还是好人，在坏人那里就要露出自己的锋芒和烈性。”

善良确实是一种美德，要求我们对人要和睦，处事要豁达。所以，即便生活已经非常不易，但依然有许多人如你我一般，在只有普通的工作、普通的薪水、普通的生活，甚至不被命运厚待的情况下，依旧选择善良。

但是，善良并不是一味地忍让或取悦，也不是委屈自己成全别人，更不是满足于眼前的苟且，只对世界察言观色。生活不是用来妥协的，我们退缩得越多，喘息的空间就越少。日子也不是用来将就的，我们表现得越卑微，幸福就会离自己越远。

我们无须把自己的位置摆得太低。属于你的，要积极地争取；不属于你的，也请果断地放弃。不想做的事，不必勉强自己去做；忍了很久的事，不必一而再，再而三地忍下去。不要再让别人来践踏自己的底线，我们的善良，必须带点锋芒。

她是一个农村出来的女孩，刚工作的时候，还没有太多的收入，房子只能和别人合租。合租的伙伴是一个娇娇弱弱的城市姑娘。对方嘴很甜，左一句姐姐，右一句姐姐，她听着特别舒坦。

再考虑到女孩的家庭环境问题，她就主动承担起了家务活，每天买菜、做饭、搞卫生。甚至就连修气、修灯、修厕所，她也没让对方操一点心。有时候她也觉得很累，但对方撒撒娇，象征性地做一下，她也就顺着了。

但是，就在她要搬走的前几天，无意听到女孩讲电话，说她“就一个土包子、劳碌命、活该被使唤”。听到这些话的时候，她只觉得心里翻江倒海。

就这样，这个女孩成了第一个被她永久拉进黑名单的“朋友”。而她也从女孩那学到了一点：自己的善良必须有尺度，不是所有人都配得上我的善良。“我善良，但我的善良不廉价。”

雨果说：“善良是历史中稀有的珍珠，善良的人几乎优于伟大的人。”但不是对谁都没有底线。自己没有了底线，对方就会变得没有原则，那我们就是在助长恶。所以，但凡是一个有主见的女人，她的善良一定是有锋芒的。

况且，一个有主见的女人，都知道给自己一个空间，要有追求、自信，并永远努力进取。让自己周身都散发出超然优雅的气质，有水般的温柔，面对激烈紧张的场面，可以以柔克刚，将剑拔弩张的争斗消弭于无形。

这样的女人能够通过善待别人、宽容别人，来赢得真挚的友情和关爱。并且这样的女人不会盲目地听信别人的言论，碰到挫折勇于面对。她们敢于逆水行舟，不惧怕别人的嘲讽，坚持个人的主见，毅然决然地走自己的路！

3

批评的艺术：“唱歌很重要，做人更重要”

二阶堂纮嗣在他的轻小说《九之契约书》中，说过这样一句话：“碰到不合理的事情就要懂得发脾气。如果觉得奇怪，那就明白将奇怪的地方说出来。要是心怀不满，那就努力设法表达。”

很多人为了避免和别人闹矛盾，对于看不过眼的事情，总是“睁一只眼闭一只眼”。结果非但朋友没增多，自己还变得越发没有存在感。但有的人却能不卑不亢地陈述自己的观点，在温柔里闪现出点点光芒。

2013年7月，内蒙古维多利10年盛典之夜群星演唱会的大幕，在热闹欢腾的歌舞《盛世欢歌》和温情四溢的《生日快乐》中缓缓拉开。其中，朱军和董卿两位央视名嘴的出场，给观众们带来了莫大的惊喜。

演唱会中，某乐团的代表歌曲的前奏响起时，歌手还没出场，台下的许多观众就已经尖叫起来。而这名歌手极具穿透力的嗓音，也深深地打动了喜欢他的歌迷们。但是，当一位歌迷跑上台给歌手献花时，他却说：“唱歌时不要献花！”说完就随手将花丢下了舞台，继续唱歌。

面对这种情况，董卿在歌手唱完退场后，意味深长地说道：“唱歌很重要，做人更重要！”

一个人无论年龄大小、知识多寡、能力强弱、素质高低，一定要有自己独立判断是非、明辨善恶、知晓对错的立场和观点，不能随波逐流、亦步亦趋，他人说什么也说什么。如此，才能在保持自己人格独立性的同时，避免失去自我，也能避免我们失去原则。

况且，古语讲：“如切如磋，如琢如磨。”说的就是我们在学习或研究问题时，应该彼此商讨砥砺，互相吸取长处，改正缺点。这样看来，我们对他人的观点或做的事情没有提出任何意见，表面上看起来是在避免相互之间的争吵，但实质上却不利于相互的提高与长进。

正如英国著名作家萧伯纳所说：“假如你有一个苹果，我有一个苹果，彼此交换之后，每个人仍然只有一个苹果；假如你有一种思想，我有一种思想，那么彼此交换后，每个人至少有两种思想。”这就是在告诉我们，彼此拥有思想，对于相互之间的交流、共同成长有着重要的意义。而“异口同声”与“鸦雀无声”，则非常不利于相互之间的交流互鉴、取长补短。

其实，大多数有远见的人还是很喜欢与自己观点相异的人进行交流的，因为这样才能让自己从中受益、获得进步、实现提高，才能让自己的观点更趋合理、更加完善、更为准确。从这个意义上来说，我们确实应该学会坚持不卑不亢地表达出自己的观点和意见。

杨澜与主持人职业相关的第一次提问，就带有点温柔的对质。当时，杨澜刚从北京外国语学院毕业，央视《正大综艺》的制片人辛少英到北外去招主持人，要求是找一个很清纯的女主持人，要善解人意的那种。

这个要求让杨澜产生了某种不满的情绪，因此，轮到杨澜做自我介绍时，她反问道：“为什么在电视上女主持人总是一个从属的地位，为什么她就一定是清纯、可爱、善解人意的，而不能够更多地发表自己的见解和观点呢？”

没想到，这个问题反而给对方留下了印象。后来，杨澜被通知去参加第二次面试，第三次，第四次，直到第七次面试后，她走上了《正大综艺》的舞台。

恰普曼说：“无论是美女的歌声，还是鬣狗的狂吠，无论是鳄鱼的眼泪，还是恶狼的嚎叫，都不会使我动摇。”做一个不卑不亢、有主见的善良女人，走自己的人生路，让别人羡慕去吧！

不要因为害怕别人对自己产生不满，或者因为别人的意见，就放弃自己的主见。否则我们就会离期待中的美好的自己越来越远。

其实，很多时候我们会失去机会，并不是因为难，而是没有自己的观点和想法。比如，自己想坚持唱歌，别人说你嗓音不好，放弃了，等到需要你高歌一曲时，你只好说“我不会耶”；自己想学习国标舞，别人说没什么用，放弃了，舞会上被一名帅哥邀请跳舞，你只好说“我不会耶”；自己想学说法语，别人说太辛苦，又放弃了，公司有个去法国学习的机会但要会法语，你还是只能说“我不会耶”。

坚持自己也许意味着孤独跋涉、寂寞坚守，但只要我们愿意走，就能踩出路。有些我们以为走不过去的，跨过去后再回头看看，其实也不过如此。不回避、不退缩，我们终将会找到适合自己的路，也终究会在这条路上找到真正的自己。

总之，不要让别人的眼光暗淡自己的光彩，坚持不卑不亢的自己，才会变得光芒万丈。

刚柔并济，硬而不脆

《三国演义》中说：“凡为将者，当以刚柔并济，不可徒恃其勇。”说的就是，很多事情需要刚柔并济，方能达成目的，说话也是如此。

与人交谈时，有些人一成不变的温润柔和就像糖，总吃会腻，但若是过于刚强坚硬，很可能又会得罪人。所以，我们在说话时应该像柔情似水的“女强人”一般，既有铁娘子的坚韧、顽强，又不失小女人的温柔与妩媚。所谓刚柔并济，硬而不脆，大抵如此。

董卿在录制访谈节目时，总能沉着地用一种特有的角度去抓住主题的点。而这个角度也正好不高不低，属于攻陷对方心理防线的最佳位置。而且，无论什么时候，她都能将语言中的严肃与温柔之间的尺度把握得很好。

比如在某些严肃的话题面前，董卿言语之间所展现出来的“刚”，并不会将事情的矛盾激化开来，而是起到缓和冲突，转化并解决矛盾的目的。这种“刚”可以说是“硬而不脆”，能够给人一个体面的台阶。

而董卿的“柔”，则体现在她对人性的一种深刻的理解，一种对当事人的尊重。比如在访谈过程中，她总会因为感同身受而戳中自己心中的泪点，感受与嘉宾相同的喜乐哀愁。

董卿是一个感性的观察者，她用眼睛去看，用心去触摸，不那么刻意拘束，然后为大家呈现出一个“刚柔并济”的访谈节目。也正因为她的那一缕柔情，让访谈显得温暖、动人。

就像撒切尔夫人，她以“铁腕女相”的形象为人所熟知，但在铁腕的背后，也有女性特有的柔美。比如在影片《铁娘子：坚固柔情》里，惊心动魄的 17 天的马岛战争中，撒切尔夫人面对巨大的压力，但她在舌战群儒，坚持战争立场的同时，仍以妻子和母亲的身份亲自给前线将士和家属写信，足见其身为女政治家所特有的魅力。

所以说，“刚”能制胜，“柔”亦是如此。而在谈话的过程中，刚柔之间的运用也会随着语境的不同各有侧重。然而，在这取舍之间，唯有“刚柔并济”才是根本之道。

因此，在很多场合中，我们说话的态度可以温和，但内容却要不失强硬，不可推脱。正所谓柔中有刚，刚中有柔，刚柔并济，才能让我们所说的话更容易让别人信服。

公元1079年，苏东坡因为写诗被抓进监狱。有个狱吏故意虐待他，让他吃了不少苦头。七年后，苏东坡被朝廷重新启用，偶然遇到了这名狱吏。狱吏害怕自己遭遇报复，吓得浑身发抖。苏东坡不想和这等小人计较，但为了让对方吸取教训，他客气地和狱吏打了招呼后，特意给对方讲了个“鬼故事”。

故事是这样的：一条蛇咬死了人，鬼卒把它带到判官面前，准备判处死刑。蛇哭诉：“我有罪，但也有功，请求将功赎罪。”判官问它何功之有，蛇说：“我肚子里有蛇黄，是治病良药，救过不少人。”判官觉得它言之有理，便将蛇放了。

鬼卒又牵来一头牛，说它用牛角抵死了人，该判死罪。牛说：“我肚内有牛黄，它也是治病良药，请求将功赎罪。”于是，判官又把牛放了。

最后，鬼卒带来一个人，说他杀了人，应该偿命。这人吓得浑身哆嗦，跪在地上求饶道：“大人，我也有黄，可以治病，请求将功赎罪。”判官怒斥：“胡说！蛇有蛇黄，牛有牛黄，你有什么黄？”这人慌忙解释说：“我肚子里的黄是惭惶呀！”判官笑了：“你这个害人精，现在知道惭愧和惶恐还不算太晚，滚吧！”

狱吏听完苏东坡的故事后明白了他的意思，连忙向他致谢并惭愧地离开了。之后，这名狱吏再没做过为虎作伥的事情，还做了许多好事。

“刚”与“柔”原本是两个对立的概念，但两者同时也是相辅相成的。太“刚”则折，太“柔”则废。正如曾国藩所说：“做人的道理，刚柔并用，不可偏废，太柔就会萎靡，太刚就会折断。”因此，我们在说话的时候既不能总是锋芒毕露，也不能软弱无力，任人宰割。

正因为如此，我们才要求“欲刚，必以柔守之；欲强，必以弱保之”。毕竟在人际交往中，有时需要我们扮黑脸作莽汉，杀对方的威风；有时又需要我们扮红脸做好人，让事情圆满收场。那如果刚柔并济，和谐搭配，自然能收到很好的效果。

况且，我们在与人交流的时候应该有自己的一套标尺和准则。即便自己是强者，也不能因此就居于主位，说话不尊重别人的意见。而应注意尽量掩饰自己表面的强壮，刚柔并济，才是真正的强大。

5

“不装”的语言更具穿透力

说话时，无论我们说得好还是不好，自己说了不算，决定权在听的人手上。不少专家一直在研究语言为何而流行，结论有很多，但并没有得到确切的答案，可有一点是毋庸置疑的，那就是——要让别人“读得进，记得住，用得上”，用平实的语言表情达意，至关重要。

董卿说：“朗读者就是朗读的人，在我看来可以分为两部分来理解：朗读是传播文字，而人则是展现生命。将值得尊敬的生命和值得关注的文字完美结合，就是我们的朗读者。”这段极具穿透力的话，是《朗读者》的自白，也是其出彩之处。

而《朗读者》作为一档用文字承载情感的节目，其氛围相对安静，节奏也更为舒缓，和追求刺激、热闹的“快消内容”截然不同。它以个人成长、情感体验、背景故事与传世佳作相结合的方式，选用精美的文字，用最平实真诚的语言，向观众展现出一段有血有肉的真实人生故事。正因为如此，才能恰好满足受众在疲惫的忙碌之后回归内心宁静的欲望，感受朗读传达的力量。

并且，在董卿主持的节目中，她一直都在坚持一件事，那就是该用怎样的语言去揭示那些引人深思的主题。怎样去说话，才能展现出职业主持人的风采，对节目主题的认知度能够“快、准、狠”，镜头一闪，一说出口，便能“置人于无形”。

所谓“大道至简”，平实是语言沟通的有效手段。董卿用唯美朴实的言语，记录了自己看到的社会和时代，并用自己的视野和思维，勾勒出了人与人之间那种真实的互动，让语言本身平添一种穿透力。

况且，在如今这个讲求效率和速度的时代，啰嗦如唐僧式的语言习惯，必然是不受待见的。而说话虽然也算是一门文化，但不高深。当然，但凡涉及到文化，不少人可能就会觉得非常高大上。其实不然，就像音乐有阳春白雪和下里巴人之分，说话也是如此。

以文论道，以言传情，以话会意，是语言的基本功能。如果我们在说话聊天的时候，满口“之乎者也”，不但降低沟通的效率，还会让对方厌烦，除非对方和我们一样。不管哪种情形，过于豪华的腔调，只会加大沟通的难度，不利于语言向纵深广泛的方向发展。

央视著名主持人倪萍曾说过，自己做了将近20年电视节目主持人最大的体会就是：“我始终要求自己把语言打碎了，把心放平了，把文辞拆开了，用最直接的方式把话说出来。”而倪萍的姥姥对倪萍的评价更是言简意赅，只有“说人话”三个字。

比如在倪萍的书籍《姥姥语录》中，就没有过多烦躁华丽的词句，也没有什么“专业”的写作技巧。那种字里行间里透露出来的平实，不仅吸引人，还有种莫名能穿透人心的亲切感。让人一眼就能感觉到，那就是“一个真实的姥姥，一个家家都有的老人”。

用倪萍自己的话说，“想在姥姥鸡毛蒜皮的语录中找点大事件很难，姥姥的一生注定了就是一个普通的家庭妇女，一个围着锅台转了一辈子的小脚老太太。大事出自哪里？没有哇。放大了不是姥姥，缩小了也不是姥姥。就这样吧，一个真实的姥姥，一个家家都有的老人。”

从倪萍朴实的语言和生活态度中，我们很容易就能看到她内心流淌出来的真实情感。而这种平实的、不装的语言，无论在什么时候，都是最具穿透力的。因为这样的语言虽然朴实无华，却是最真实感人的。

6

不疾不徐，才能渗透人心

英国前首相丘吉尔曾分析和论证了口才语言技能的问题，他最后得出这样一个结论：“口头表达艺术主要有四大要素，而其中占第一位的就是口语节奏。”

节奏的变化是语言中表情达意的重要手段。说话时，节奏太快会使对方听得很辛苦；节奏放慢虽然可以强调重要性，但如果太慢的话，就会显得拉腔拖调，无法吸引别人的注意力，使对方感到不耐烦。所以，我们需要学会掌握好语言的节奏，不疾不徐、快慢适中。

每个节目都有独属于这个节目的节奏，它包括节目进度、话题设置、环节衔接等部分。而一个优秀的主持人需要的不是打乱这个节奏，而是让整个节目变得更流畅。关于这一点，董卿就做得非常好。

节目中，董卿总能用不疾不徐的语言节奏找到“切口”，引导嘉宾、评委说出自己的“故事”和感受。她也善于用这样恰当的节奏来烘托节目本身的可看性，告诉观众，这个节目远没有看上去那么简单。

董卿在节目中对语言节奏的把握，是她长期思考的一种积累与总结。这个时候的她，就像破土而出的嫩芽，努力地舒张自己，用细致入微的眼神去不断审视和观察这个世界，希望自己所说的话能给更多人以启迪。

把控这个节奏确实不难，但里面同样有许多需要我们学习的注意事项。比如，不少人在表达“愤怒”的时候，都喜欢放大嗓门；表达“欢乐”的时候，会喜笑颜开说个不停；表达“悲伤”的时候，则一味让声音表现得低沉阴郁……我们不能说这种方法不对，而是这些变化都过于平淡，过于“传递真情”了。要知道，口头表达比书面语言有意思的地方，就是声音所传达出来的变化，如果失去了这些，也就失去了语言特有的魅力。

更何况，声音是口语修辞的重要手段，能够让我们的故事在内容的表达上更有层次感，以及抑扬顿挫的音乐美。所以，我们需要对语言的节奏有精准到位的把握。

而且，每个人在说话时，声音的音域、音质虽然存在差别，但在节奏的把握上，唯有不快不慢、速度适中的语速才会给人一种舒服的感觉。而声音的快慢，从音域和美学上分析，在确保对方听清楚的前提下，在自己音域范围之内，声音偏慢一些、偏低一些，会显得更富有魅力，也更悦耳动听。

在一期节目中，柴静和同事一起去采访一位被“双规”的民营企业家，对方因为在市长和市场中间选择了市场，然后被判处了三年的“挪用资金罪”。

在与审判案件的法官沟通时，她得知企业家被判刑的证据只是一份复印的手写材料，就用不疾不徐的语速问：“这个案子，您明明知道这份意向书不是原件，为什么还要采用它？”法官愣了一下后，支支吾吾地说：“不是原件……有些没有原件，也不是我们非要这个证据不可。”

接着，柴静再次冷静地问：“不是原件为什么要采用它？”对方有些底气不足地回答：“我认为它是原件。怎么不是原件呢？”

在这样不疾不徐地问答中，柴静不仅掌握了问答的主动权，还在平静的语言中暗藏了一份不卑不亢的犀利，最后法官在招架不住的情况下，只得转身离开，回避问题。

这种不疾不徐的风格，不仅能显示出一个人安静、从容的处世态度，还能从这种平静中渗透出严肃、沉重的感情色彩，让观众不由自主地感受到相应的情绪和影响，并产生相应的心理。

最后我们记住，语言的表达是口耳之事，在坚持表达自己的观点的同时，还要做到声音洪亮、字音准确、抑扬顿挫、错落有致。把自己的语言化为一个个跳动的节奏，为他人带去声音的美的享受。

7

不轻易改变自我，哪怕对方不高兴

生活中，很多人为了减少麻烦，就会选择去迎合别人，以获取对方的喜欢和信任。但如果我们为了迎合别人而去改变自己，抹杀自己的个性，就会失去做人的原则。就像英国的那句谚语：“一个人不听劝告不好，但若听任何劝告，则是一千倍的不好。”

因此，当我们得到了很多建议时，就要学会对这些建议进行取舍，该听的听，不该听的就坚决摒弃。因为当我们失去了自己的主见后，就容易被他人的意见所左右，从而陷入盲目的状态，这是非常可怕的。

从小，董卿就不是一个按部就班、随波逐流的人。看上去纤秀柔弱的董卿，其实是一个很有主见的人，下了决心九头牛也拉不回来。这从她的工作经历中就可见一斑。

比如，她在2000年时，就因为工作出色，而荣获了“第三届上海十大文化新人”“上海市新长征突击手”等荣誉称号。谁也没想到，她会在事业蒸蒸日上之时，竟然选择放弃黄金栏目，加盟刚刚起步的上海卫视（现在的东方卫视）。

后来，在一次采访中，当记者问董卿“你欣赏什么样的主持人”时，董卿回答：“我喜欢杨澜待人接物那种优雅的分寸感，也喜欢美国脱口秀女王奥普拉的本色十足。奥普拉已经活到了这种境界：完全不用世俗的标准来束缚自己，我行我素；也完全不以女人的容貌取悦男人和大众，而是以个性和智慧取胜。我希望我也能有这份气魄。”

由此可以看出，董卿欣赏的恰好是那种不愿意轻易改变自己、有主见的人，即便别人不赞同，也该活出自己的一片天地。

做人最可贵的地方，莫过于坚持自己的看法，而不是盲目从众，以致在别人的

观点里迷失自我。有时候人之所以苦恼，是因为我们一直在试着让自己去适应一种并不适合自己的生存方式。为了顾及面子而依附他人的思想和认知，从而失去了独立判断的能力，处处受制于人，只会让自己陷入痛苦的漩涡中。

恰普曼曾说过："无论是美女的歌声，还是鬣狗的狂吠，无论是鳄鱼的眼泪，还是恶狼的嚎叫，都不会使我动摇。"一个不轻易改变自我的人，大多知道给自己一个空间，有追求、自信并永远努力进取。这样的人从不会盲目地去听信别人的言论，敢于逆水行舟，坚持个人的主见，能够毅然决然地走自己的路!

当然，不轻易改变自己的观点，并不意味着我们是一个人的孤芳自赏，也不表示我们不去听取别人的意见。相反，这样的人更容易虚心地听取他人的正确意见，有则改之，无则加勉。

而且，当我们与别人交流时，不轻易改变自己观点的人，更容易表达出自己的想法，并具有自己的做事方式和判断能力。

2000年，柴静被陈虻邀请加盟《东方时空·时空连线》，与白岩松搭档做深度评论的主持人。柴静当时一直没敢问陈虻："为什么会挑中我？"直到陈虻去世之后，柴静得知他当初让自己进央视的原因——"柴静有很多毛病，但是有一点，她还是不人云亦云的。"

另外，因为柴静一直没在北京买房，十多年一直靠租房打车度日，就有人称她为"央视最穷的主持人"。于是，有人问她："这是甘于清贫吗？"

柴静回答："我很怕这沦为一个符号化的东西。其实我并不高尚，但世俗意义上的成功和财富，并不能给我带来安全感。有时想想，这里面是空的，是不可依靠的。大部分时候，我更看重生命本身，它才是真的，它饱满像果实。而这些东西是空的，我从里面体会不到任何幸福。"

在这个物欲横流、人心浮躁的时代，柴静能选择坚守自己的观点和梦想，尤其是在自己的生活方式上，她并没有因为外界的评价而轻易做出任何改变。

有时候，别人会众说纷纭、七嘴八舌，我们就应该有自己的观点，把自己的想法说出来。比如上司在问我们某件事情用某种方法处理是否得当的时候，我们就不能觉得在上司面前显露自己的不好意思，而应把自己的意见说出来，让上司做判断。

因为上司们都喜欢有主见、有想法的员工，相对的，无论他们说什么下属都跟着说好的话，上司是非常反感的。

又比如跟客户一起吃饭，大家都不知道去哪一家饭店吃比较好，如果在这个时候我们站出来指定一家饭店，就会给对方留下果断、有主见的好印象。不要觉得在不熟悉的人面前事事显露不好，改掉这一点就能让我们在人前大放光彩，从而得到别人的认可。

第六章

感性女神，

打动人心的不是光环而是真情

1

“眼泪是很宝贵的，但眼泪不是唯一的”

不知从什么时候起，许多节目上的选手、嘉宾、演员、评委，开始喜欢在舞台上流泪，无论是高兴、激动，还是心酸、痛苦，仿佛没有流泪，这些情感就无法表达一样。当然，有些节目中的催泪桥段确实很感人，但这并不表示大家只要站在台上一哭，节目就成功了。要知道，一档节目中的泪点如果没有打动人心的真情，那观众只会觉得节目“很假”“很戏精”。

董卿的泪点很低。比如她有天晚上翻开《朗读者》嘉宾斯琴高娃的读本，想到了作家张洁写的《世界上最疼我的那个人去了》一书，然后花了半个小时的时间翻看了书里的几个章节。“哎呀就不行了，哭得稀里哗啦的，整个人都不好了。”那天夜里她熬到四点才睡，第二天录制节目，她起床化妆，“脸没法看了，眼睛肿得睁不开了。”化妆师都吓坏了。

还有，《朗读者》嘉宾徐静蕾，曾在这个舞台上读史铁生的《奶奶的星星》，徐静蕾在台上哭了，董卿在台下也听哭了。在审片的时候，董卿和大家说：“如果这个人物是想打动情点，但我丁点反应都没有，那肯定是有问题的。”

但董卿还说：“眼泪是很宝贵的，但眼泪不是唯一的，我们不能说，哎哟，哭了，节目就成了。”

有人说，这是一个反感煽情的时代。而且，比起热泪盈眶，人们似乎更喜欢听脱口秀主持人讲段子，在疲惫的生活中求个哈哈一笑。但是，董卿主持的《朗读者》，似乎总能找到被人们认同的动情段落。

《朗读者》刚播出时，就以“清流综艺”的标签走红。而作为一档文化节目，或者说是读书节目，怎么会如此打动人心呢。看过之后我们就能发现，比起所谓的“文化味”，隔着荧幕，我们感受到了更多的情感触及。比如在节目第一期，商业大佬柳传志读了他在儿子婚礼上讲的那段话，“只要你是一个正直的人，不管你做什么行业，你都是我的好孩子。”这是当年他的父亲跟他讲过的话，如今他把这句话讲给他的儿子。

而作为主持人的董卿，她很清楚，“眼泪很宝贵，但眼泪绝不是唯一的”。所以，每当节目录制完之后，她都会以制作人的身份，从参与者的角度切换到局外人的角度，去把控观众的泪点。

比如，董卿在《中国新闻周刊》上说起自己采访麦家时的情况。当时，麦家说了很多关于他跟父亲的故事，故事很长，过程也很令人感动，“那个裂度特别大，一个孩子几十年不跟他的父亲说话，之后他每年都要坐在父亲的坟前跟父亲讲话，把十几年没对父亲说的话对着泥土说出来。”但经过后期剪辑后，节目中所呈现出来的“催泪点”只是录制当天的百分之三十。

正是因为董卿一直强调“电视制作”的概念，才让呈现在观众面前的《朗读者》让大家安静下来，甚至泪流满面。

不得不说，语言真是一门神奇的艺术，总有那么一句话会引起我们的情感变化，让我们泪光泛滥。下面我们就来看看，生活中的哪些话最容易戳中一个人的泪点?

首先，与爱人争吵时说的气话，很容易让人泪如雨下。在感情里，发生争吵很正常，但正是因为彼此了解，所以在争吵时说出的气话，经常会有夹杂对方的经历，并且我们对这个会非常在意。可能是因为自己一些过往的回忆，会引起自己那些纯粹负能量，所以听到这些气话的时候，我们可能会直接落泪。

其次，是一些直击内心的“鸡汤”，很容易戳中人的泪点。比如一个人喜欢多愁善感，甚至一度深陷抑郁，对自己从前经历挣扎的阶段无法忘怀，所以总喜欢依靠一些“鸡汤”来沉溺自己，希望让自己变得好起来。但在看到或听到这些言语时，内心却总是“风起云涌”。

再次，面对至亲逆耳的责骂，大多数人都会因难过而流泪。比如有一些人因为从小对于家庭感情方面有所缺失，所以会很在意至亲对自己的关心，或者一个人很想得到至亲的关心，所以性格非常要强，只为了让他们注意到自己。而这样的人，一般都非常害怕至亲的责骂。

最后，其实好朋友、好闺蜜的误会也常常会触动我们的泪点。在生活中，哪怕再知心的朋友，都难免会有争吵摩擦，情急之中说出来的话往往就会很伤人。想到自己的付出换来的却是责备，或者看着好友伤心离去，这些都是容易让人难过落泪的。眼泪很宝贵，我们不要轻易让自己落泪，也不要轻易伤害到周围的亲人、恋人或者朋友。说话沟通交流的时候，一定要注重自己的措辞，因为越是彼此在乎的人，越容易在乎一些细节。生气时不妨想想平日里对方的好，这样就容易冷静下来，言辞方面也会得到约束。

2

和嘉宾同步喜乐哀愁

《朗读者》的总导演之一田梅曾告诉《中国新闻周刊》：“大家私底下开玩笑说，董卿对面的那把椅子有神奇的魔力，坐在上面的人，总会敞开心扉去讲述。”在郎昆看来，嘉宾之所以愿意对董卿打开心扉，主要源自于董卿对他们的尊重，以及她能和嘉宾同步喜乐哀愁的情绪。

据演员赵文瑄所说，他在录制《朗读者》之前，只在电视上见过董卿，印象较深的就是董卿和刘谦搭档的魔术节目。在节目录制当天，他第一次见董卿，却自愿打开了自己的情感大门。比如，他跟董卿聊大咪（他的猫）带给自己的改变，后来不知道怎么回事，就哽咽了。

他后来回忆道：“以前参加电视节目，也不是没有主持人想要‘勾引’我谈及伤感话题，我从来没有就范过啊。”他说自己总是刻意回避太过汹涌的感情流露，那天当董卿坐在他对面时，他自愿打开了自己的情感阀门。

董卿采访徐静蕾，提到自己的奶奶时，徐静蕾说不下去了。看到这儿，很多人都有点紧张，也很担心董卿会继续追问，触及到对方的伤心处。但董卿当时却什么也没说，而徐静蕾在缓和了一下情绪之后，又接着开口。

事实上，这个时候说什么都是多余的，会显得没心没肺。而董卿对对方的情绪感触却能做到感同身受，与嘉宾同步喜乐哀愁，真的很难得。

董卿曾对《中国新闻周刊》说过，访谈节目会是她的终极舞台。她希望自己能跟被访问的嘉宾产生心灵的交互。“如果你没办法体会他人，体会自己，没办法认知他人，认知自己，那么你的存在还有什么意义呢？”她说。

如果我们仔细观察董卿的访谈节目就会发现，她在面对嘉宾的时候，眼神经常会出现细微的变化。对此，《朗读者》的音乐总监姚谦表示，“喜欢文艺的人很容

易在与别人交流时流露真性情。”他说，“她对文字很敏感。”

而这种能够感受别人的情绪，能够与对方感同身受的行为，确实是一种打开别人心扉的方法。

柴静主持的《看见》在播出药家鑫这一期节目时，她的一个举动又引发争议。节目二分十六秒，柴静正采访受害者张妙的父亲张平选时，隔壁忽然传来一阵嚎啕大哭，是张妙的母亲。“为什么不进去劝劝？”柴静问。“不劝，劝也没用。”柴静起身，对着镜头说：“我去看看，我去跟她说说……”

然后，她示意摄像师留在原地不要拍摄。采访戛然而止。

进屋后，柴静把手搭在张妙母亲的手臂上。那时，她忽然问自己：如果这是20多岁的自己，肯定不会做这个动作。自己也许会手足无措，也许会很“粗暴”地给对方擦去眼泪，嘴里不断说着“不要悲伤，明天会更好”之类的安慰话。

还有一种可能，20出头的柴静会端着摄影机闯进去，拍下母亲崩溃的画面，或等女人停止哭声后，继续追问采访。可是这一次，走进张妙房间后的柴静没有出现在镜头中，最终呈现的画面是张家门帘背后模糊映衬出的柴静拉着张妙母亲的剪影。再没有任何具象镜头，只听到女人断断续续的哭声。

“我不想‘消费’这件事。‘进去’只是私人举动。没必要在镜头前强调和夸张。”柴静说，“年轻时，总意识到镜头在盯着自己，必须夸张行为，取悦谁，来完成任务。到了我这个年龄，已经知道有些人承受的东西是他人无力改变也无法体会的。唯一能做的是在得到别人的允许后，陪伴于此。跟你一起，试图感受你的感受。‘陪伴’也在传达一种无能为力。对不起，没办法，只能感受。”

不得不说，这种将别人放在心上的人，是懂得尊重别人的。这种人不会随便打听，也不会干涉别人的隐私，或是评论他人的是是非非，更不会无事生非、捕风捉影，乱传小道消息。所以，我们在说话的时候也要注意约束自己，多考虑别人的感受，明白什么话该说，什么话不该说。

更何况，感同身受的安慰有时确实比千言万语更有用。因为我们是站在对方的角度上，体会对方的难过与伤心，这种心与心互相怜惜的力量，能让处在困境中的对方感到自己并不孤单。

而且，藏族有句俗话："说一句话，要看在场所有人的脸。"真正有智慧的人，说话都特别有分寸，说什么都会考虑照顾别人的心，这才是值得我们学习的。现在有不少人说话很"直"，不管什么话都敢说，结果得到很多人的赞叹，认为这是"不装""有个性"。其实，在说话时考虑别人的感受，才是做人最起码的素质。

想要做到这一点，我们最好多和别人交流，多听对方讲述，在听对方讲述的过程中换位思考一下，如果自己是他又会怎样？如此，我们就能逐渐找到自己和对方的共同之处。

另外，我们可以在平常和别人聊天时，尽量别让自己说出"我"字。每次当自己想说"我"的时候，可以改成"你"或者"他"。我们会发现，在接下来的谈话中，自己会不断说出"你那天……""你感觉……""你的看法……"，当我们将这些话题不断地丢给对方，让对方畅所欲言的时候，对方就会对我们敞开心扉。

3

打动人心的永远是真情实感

即使懂得了说话的方法，学习了很多口才专家的经验，有些人说出的话依然显得枯燥无味，为什么？说话的第一要义是言之有物、打动人心，除了要避开啰嗦多余的话，还要避免大而空的议论，也不能一味堆砌华丽词句。

不过这说起来容易，做起来却很难，必须要抓住说话的关键因素，才能破解这一难题。而一句话之所以能够打动人心，自然源于说话者的真情实感，才把别人的内心悄悄感染了。

著名作家刘震云参加了《朗读者》的录制，当时，带有口音的他成为《朗读者》中的“另类”。但在节目录制之前，董卿仍然极力说服刘震云来参加，她解释：“朗读的技巧、字正腔圆并非这个节目最想展现的，换句话说技巧不是节目的核心，真情实感才是节目最打动观众的地方。”所以，节目中出现的不仅有明星名人，更多平凡人也带着动人的故事走上舞台。

比如四川成都金堂县有一个1200亩的鲜花山谷，那里一年四季花开不败。而这个鲜花山谷，是一个丈夫对妻子的承诺。为了实现这一承诺，丈夫倾尽所有，用10年的时间打造出了这样一个浪漫的花海。

《朗读者》把这对夫妻请到了现场，两人对董卿说起了他们从相识到相爱，结婚26年中所发生的浪漫故事。他们用日记记录下了生活中的点点滴滴，随手翻开十几本日记，读出的文字都格外打动人心。

董卿曾说过，自己一直想做一档有着人文精神的电视节目，“我们有一位朗读者，1986版《西游记》的作曲者许镜清先生读了巴金先生的《灯》，其中有一句话，‘我们不是单靠吃米活着’。我觉得今天更是这样，我们做《朗读者》，就是希望在吃米、吃肉之外，能够给予一些精神的、心灵的抚慰。”

那么，这些“心灵的抚慰”又是靠什么来完成的呢？有人表示，唯有真情实感方能做到。因为在一切语言表达中，只有真情才能让人发怒、发笑，使人信服。

真情实感虽然是发自内心的一种真挚，但我们在表达这种真挚时，也是需要一定技巧的。比如，我们在表达真情实感时，应当剔除自己心中的阴暗一面，避免让自己为了个人情感去歪曲事实攻击对方；也应避免让自己为了获取更多的支持而故意去迎合别人……应该对正在谈论的事情做到感情投入，而不是在自己的其他方面动感情。

当我们说话情真意切时，别人自然会认为我们能够跟他们感同身受，进而支持我们。另外，让自己所说的话带有真情实感，才能使别人对我们的行为做出理解，或化解对我们的误会，进而转变对我们的不良态度。

1952年，美国前总统尼克松作为艾森豪威尔的竞选伙伴，参与了副总统的竞选。但正当他在为竞选四处奔波时，《纽约时报》上却突然登出了一篇抨击他在竞选中秘密受贿的文章。

为此，尼克松被迫在电视台发表了半个小时的讲话。下午六点半，当尼克松在电视屏幕上出现时，整个美国都安静了下来。尼克松首先把自己的财务全部公开，从自己的家产，一直谈到他的欠债……这是美国政治史上非常罕见的行动。

紧接着，他话锋一转，详细说明了自己的经济收支情况，把自己如何花掉每一笔钱的始末明细都告诉了民众。比如为孩子矫正牙齿、改装锅炉等款项。他还告诉大家，这次竞选提名之后，自己确实收到了一份礼物，“就是德克萨斯州有人送给我孩子的一只小狗”。

当他结束讲话并走出广播间后，四周都响起了欢呼。全国听、看这次讲话的人达到六千万，有超过一百万人给他打电话、发电报或者邮寄出信件，几乎每个著名的共和党人都给他发送了赞扬的信件，从邮局汇来的小额捐款达到了六万美元。

这次带有真情实感的讲话内容，不仅使得事实得以澄清，还让尼克松得到了大批的支持者。

想要让自己的话打动别人的心，我们就必须考虑对方的心理。而考虑对方的心理这个出发点，本身就是一种对他人真诚和负责任的态度。

要知道，真诚能够产生极大的感动力量，带有真情实感的言语或行动可以打动人心、征服听众。因为对于一个人的一切谈吐，人们最喜欢的，也正是那种在真诚的基础上做出选择的话题。当对方通过闻听其声、观察其色等方式，与说话的人心与心相撞，在感情上发生了共振后，说话者的目的就达到了。

用自身经历打动别人

凭空杜撰出来的语言，辞藻说得再怎么优美，总不是那么容易打动人。但如果讲述自己亲身经历的故事，即便是寥寥数语，也会让人觉得无比感动！所以，想要让语言变得生动起来，不妨将自己的亲身经历代入所说的内容中。因为讲述自身经历，可以让我们的语言变得更真实，更富有感情，自然也更能打动别人。

2017 年，董卿的一段演讲，引发了教育界以及家长们的深思。之所以会产生这么大的能量，就是因为她以自身成长经历为例，坦言自己的成功虽然离不开父亲的严厉教育，却也失去了美好的童年。

因为父亲的严厉，所以小时候的董卿非常害怕他。就拿吃饭来说，在绝大多数孩子看来，吃饭应该是一件幸福的事情，有妈妈做的菜肴，跟父母有说不完的话题。

“我小时候最害怕的，就是吃饭。因为一家三口每天聚在一起的时间很短，也就吃饭那点工夫。一上桌，他就开始唠叨，你这个怎么怎么样，那个怎么怎么样，我经常是一边吃饭一边哭。我小时候最高兴的事儿，就是我爸出差了，乐得手舞足蹈，总算有两天能看不见这个人了。”董卿这样描述自己小时候面对吃饭时的心情。

她还说过：“我就像轮子上的仓鼠，总是忙于满足父亲的各种决定，也总是无法达成父亲的各种期待。”

这段演讲中，董卿就是通过向大家讲述自己的亲身经历，给我们描述关于严格教育对孩子的利弊问题。因为故事的真实性，才让大家觉得这话更有意义，也更愿意听下去。

就像卡耐基所说的：“在精彩的演讲中，你所讲的内容，一定要跟你经历的事、你读过的书、你听到的话有关，谈你自己熟悉而确信的东西，演讲就不会失败。”

因此，在日常生活中，如果我们想要把话说得能够打动人心，那不妨现身说法，

用自己的亲身经历为例，来对他人进行讲解或劝导。以增加语言的可信度，从而达到说服对方的目的。

2008 年 4 月 16 日，有着“当代福尔摩斯”“华裔神探”之美誉的著名国际刑侦专家李昌钰博士，在南京三江学院为师生们做了一场名为《使不可能成为可能》的演讲。期间，他同样是以自己一生的传奇经历为主线，告诉大家：没有什么是不可能的。

演讲中，李昌钰博士讲道：“有很多人认为我生下来就立志做一名刑侦专家。其实我跟大家讲，我中学的时候希望长大了能打篮球，做个篮球明星。但是后来发现自己没有姚明的遗传因子，所以就选择了警察职业。”

之后，他又说起自己刚到美国时的情况。“1965 年，我刚到美国时，只有 50 美元，只会讲几句简单的英文，但想到只要自己努力就有成功的机会。于是每天努力工作，我一直坚信要知难而上，知其不可而为之，这样才能够成功，才能够使不可能变成可能。”

“后来，我便一边打工一边读书，在兼职 3 份工作的情况下，我以两年半时间修完了四年大学课程。今天很多朋友问我为什么要去念书，我说人生就好像搭火车一样，进大学的训练就等于取得一个火车的月台票，拿了月台票并不能保证你就成功了。最后上哪一班车，往哪一个方向，今后自己的发展还是要靠自己做决定。但是假如你没有一个学校的文凭，你连上车的机会都没有。所以很重要的就是我们要不断地学习。”

“在美国，有人说，一个中国的小警员怎么可能拿到博士学位？怎么能做教授、科学家？而我经过努力，后来都做到了，成为最好的鉴识主任和美国首位州级华裔警政厅长，亲历 8000 多起离奇要案侦破调查。”演讲的最后，他这样总结道。

在人际交往中，现身说法的讲话方式还是颇为常见的。而这种方式之所以能如此轻易地走进别人的心里，是因为它能让双方站在同一问题点上，就如同两个老朋友坐在一起讲述自己的经历、见闻、感受等。这种推心置腹的感觉，很容易使双方不由地放下心里的芥蒂，相互之间变得亲切自然无话不谈。

况且，在平凡的生活中，我们自身的经历同样点缀着许多不平凡的时刻，并且能够启迪他人。因为在自己的故事里，我们所表达的感情才是立体的，细节才是丰富的，呈现出来的故事才是真实、有根据的。如此，我们才能让自己说的话更受欢迎，也更容易打动人心。

另外，在讲述自己的故事的时候，一定要有所侧重详略得当。首先要找好切入点，将自己的亲身经历在大脑中润色加工，然后声情并茂地运用在谈话当中，这样才能取得良好的效果。如果一味地阐述自己的故事，不去考虑接受者的感受，主次不分的表达可能会引起听者的反感，反而会适得其反。

5

不把意见强加于人

孔子说："己所不欲，勿施于人。"尤其是在说话的时候，即便我们是在向别人提出忠告，也不要把自己的观点强加给对方，否则就会造成别人的不悦，导致双方的交流不顺畅。因此，在访谈节目中，董卿一直很注重客观，让对方说出自己的想法，不希望把自己的意见强加于人。除了董卿之外，还有不少名人也是这样认为的。

在《专访剑桥大学校长》一期节目中，柴静问剑桥大学的校长乐思哲先生："在剑桥这么严肃的地方，像亨利八世手里的那个桌子腿却没有换掉，为什么？"

乐思哲先生回答："我们鼓励学生争辩，鼓励他们挑战陈规。我们不愿意依靠地位的权威，而将观点强加于人，去束缚思想自由。"

柴静又问："但有的学校会认为说，学生这样挑战权威，会使他们越来越放纵，会变得很难去管理，你怎么看？"

乐思哲先生表示："学生有权利表达反对观点，但这要有一个限度，他们的观点必须遵守学术界的规范。这毕竟是一个学术的社群，意味着我们必须能够容纳色彩斑斓、形状各异的不同观点。"

很多人都比较喜欢按照自己的意愿购买或照自己的意思行动，希望别人在做事情的时候征询自己的意愿、需求和意见，不喜欢自作主张。这些都是人之常情。

但是，有些人在试图说服别人的时候，往往却忽略了对方心理上的这一点，一味希望别人能按照自己的意愿从事。所以，便不加考虑地把自己的意见强加给别人。殊不知，这种一意孤行的做法往往会落空，因为没有人喜欢被他人支配。

因此，即使有时候达不到有效劝阻别人的目的，聪明的人也不会把自己的意见强加于人。他们知道，想要通过束缚某人来达到某些目的，事先征询对方意见比自己擅做主张、把意见强加给别人要好得多。

罗斯福还在纽约州担任州长时，不仅能和那些政治活动家保持着良好的关系，还能成功地进行不合他们心意的改革。而他之所以能达到目的，是因为每当任命一个人担任重要职务时候，他总是邀请一些政治活动家共同商讨。

“首先，”罗斯福说，“他们会推荐明显不适宜的候选人。我对他们讲，任命这个人政治上是不适宜的，因为社会舆论通不过。随后，他们又向我推荐另一个人选，但对这个人既说不出他的长处，也找不到他的短处。通常我就说，舆论界不希望这种人占据这个位置。我请他们另举贤能。第三个候选人比较合适些，但仍不完全合适。最后我对他们表示感谢并请他们再考虑一下，于是他们就提出我自己选中的那个人。”

他接着说：“对他们的帮助表示感谢的同时，我宣布了对这个人的任命。我对政治活动家说，为使他们满意我是尽力而为了。现在该轮到他们助我一臂之力了。他们也没有忘记我对他们的帮助。在需要的时候，他们支持了我提的候选人。”

可以看出，罗斯福一直在倾心听取其他政治活动家的建议。正因为如此，每当他任命谁担当重要职务时，他总是让别人感到这是他们自己推选出来的候选人，体现了他们的意图，所以很容易就达到了自己的目的。

要知道，如果我们直接提出反对意见是会招人反感的，并且在一些特定的情况下，对方可能根本就没心思去听我们的意见。这种时候，即便我们用最温和的措辞，要改变别人的意志，也是极不容易的。

那我们就可以换一种方式来表达，比如说“好吧，让我们来探讨一下”“我有另外一种看法”“我的意见不一定正确，但如果我错了，我愿意改正过来”……相信这样的话让别人接受起来，就会容易多了。

6

旁敲侧击更易打动人

很多人都知道，人际关系的好坏，在很大程度上将决定着一个人成就的高低。我们发现，大多数成功者都是左右逢源的社交高手。如果我们也这样做，那我们就可以升华自我的交往境界，甚至能帮助我们摆脱生活中处处碰壁的尴尬处境。

人际关系学家把这种高明的社交方式称为“旁敲侧击的艺术”。在人际交往中，“旁敲侧击”的说话方式不仅不会导致别人的反感，还能让我们把话说得更加到位，引发他人的自我反思，甚至能潜在地影响到别人。

在《朗读者》中，董卿在有些时候会通过旁敲侧击的方式来向嘉宾提问。比如有一期节目的嘉宾是赖敏和丁一舟，这是一对患难夫妻，妻子赖敏患有遗传性小脑性共济失调，俗称“企鹅病”。患有这种疾病的患者首先会走路摇摆，容易摔倒，慢慢地说话和眼球活动也会变得困难，最后只剩下回忆和思维，直到离开人世。即便如此，两人依然没有对生活失去希望。后来，赖敏怀孕，孩子可能遗传到这个疾病的概率是50%。

当两人再一次走上《朗读者》的舞台，董卿知道他们正处于煎熬的等待时期，万一是不好的结果，无论对谁都是一种打击。这个时候，董卿并没有直接表示同情，或是说出“真可惜”这样的话，而是采用了旁敲侧击的方法来安慰对方说：“没有什么对不起。这是两个人都会觉得很遗憾的事情。我真的希望你们的爱可以感动上天。我记得上一次赖敏跟我说，哪怕有一天我不在了，起码我生命的一部分在延续，在继续爱着丁一舟。一切都会好起来的。”

一句真心实意地安慰，打动了嘉宾的心，也让两人展开了笑颜。

安慰人其实是个技术活儿，如果话说得不对，很容易弄巧成拙。但如果掌握了技巧，用这种旁敲侧击、顺势而为的说话方式，安慰别人的话就会变得容易很多。

另外，当我们想要达到某种目的又不好开口的时候，就可以借助一些玩笑，用旁敲侧击的方式来说实事。

一个女孩在一家外企上班，在较短的时间里，她就因连续两次提出合理化的建议，为公司节约了20%和10%的成本。老板非常高兴，对她说："小姑娘，好好干，公司绝不会亏待你的。"

女孩知道这句话可能意义重大，也可能一文不值。对她来说，还是实实在在的好处更重要。于是，她笑着对老板说："多谢老板的看中，我想您一定会把这句话放到我的薪水袋里的。"

老板会心一笑，爽快应道："当然，这是肯定的。"不久之后，她就获得了一个大红包和加薪奖励。

想想看，面对老板的鼓励，女孩如果不是用这种俏皮的方式，而是选择坐下来认真严肃地提出加薪要求，并摆出若干条理由，那结果可能就不会这么好了。不仅如此，还有可能会适得其反，甚至把事情办砸。

除了以上形式之外，旁敲侧击的说话方式还可以运用在许多地方。就像有些话自己说出来会显得非常尴尬，那我们就可以绕个弯子，诱导对方先开口。

比如说，我们借了一笔巨款给朋友做生意，结果对方出了意外死了，那我们就可能会陷入两难的境地：如果开口追款，未亡人可能会受不了；如果不提此事，自己的局面又难以支撑，怎么办？这个时候，我们不妨这么说："真没想到某某走得这么早，我们的合作才开始呢。这样吧，嫂子，某某的那些关系户你也认识，你就出面把这笔生意继续做下去吧，需要我跑腿的时候尽管说！"

这话一出，不仅没有丝毫追款的意思，还显得豪气冲天、义气感人。对方很可能也会直接回一句："这次出事让你生意上受损失，我也没法干下去了，你还是把钱拿回去吧。"一句话拐个弯，事情就解决了。

除此之外，当我们需要求人办事的时候，旁敲侧击的说话方式同样有效。比如，我们可以假装自己没把握，然后用商量的语气把要求对方办的事说出来。一般情况下，只要我们在向别人提出建议时，对方没有明确表示自己可能不具备有关条件或意愿，那就不会强人所难，自己也显得极有分寸。

7

必要时保持沉默

在这个个性张扬的时代，很多人都提倡“有话就要说出来”。心理学家也表示，我们应该把自己的事情讲出来，告诉别人。不得不说，这对于某些心理上有疾病的人来说，是正确的。但是在人与人之间的交往中，人们却逐渐发现，在与别人说话时，我们常常更需要忍耐和沉默。比如古希腊就有这样一句民间谚语：“聪明的人，借助经验说话，而更聪明的人，根据经验不说话。”

在《朗读者》的一期节目中，董卿采访了一位特殊嘉宾。对方因为出生时缺氧而导致脑瘫，不仅行动不便，说起话来也有些口齿不清。但她却是20世纪90年代以来，唯一一个诗集销量超过10万册的现象级女诗人，她就是余秀华。

访谈中可以看出，作为一个长期生活在社会底层、身体带有残疾的女人，余秀华对爱的缺失有着深刻的体验。而董卿作为采访者，她并没有一味地询问余秀华关于她身体的事情，她会带着心疼的目光看着这个被命运不公对待的女子，时而保持沉默，或者把更多的话题放在对方的诗歌里，让人觉得暖心。

沉默，是语言中短暂的间隙。但在很多时候，它却是一种超越语言力量的传播方式，运用得当的话，能获得“此时无声胜有声”的效果。因为沉默所表达的意义是非常丰富的，总能以语言形式上的最小值，换来最大意义上的交流。

比如说，沉默不仅可以表示无言的赞许，可以表达无声的抗议，可以表示欣然默认，还可以是保留观点、威严震慑，也可以是决心已定、不达目的不罢休等。总之，在一定的语境中，沉默所表达的语义都具有非常明确的目的，就像是乐曲中的休止符一样，不仅可以表示声音的空白，更属于内容上的延续和升华，是对有声语言的有效补充。

另外，研究谈话节奏的学者也认识到，有张有弛的谈话在人际交往中十分重要。

比如《谈话的艺术》的作者、心理学教授格瑞德·古德罗就说：“沉默可以调节说话和听讲的节奏。沉默在谈话中的作用就相当于‘零’在数学中的作用。尽管是‘零’，却很关键。没有沉默，一切交流都无法进行。”

比如在谈判中，如果我们想要用言语去震慑别人，一般说得越多就越不能掌控大局。因此，许多擅长心理战的高手经常会利用“沉默”来打击对手，让对方招架不住，甚至是自乱阵脚，从而达到自己的目的。

有位著名的谈判专家替他的邻居和保险公司交涉赔偿事宜。谈判之前，邻居告诉他，自己希望能获得300美元的赔款。

谈判开始，保险公司的理赔员率先发表了自己的意见：“先生，我知道你是名谈判专家，一向都是针对巨额款项谈判，恐怕我无法承受你的要价，我们公司若是只出100美元的赔偿金，你觉得怎么样？”

根据经验，专家只是表情严肃地沉默着。理赔员果然沉不住气，说：“抱歉，请不要介意我刚才的提议，再加一些，200美元怎么样？”

又是一段长时间的沉默，谈判专家才开口说：“抱歉，无法接受。”理赔员继续说：“好吧，那么300美元如何？”

专家过了一会儿才说道：“300美元？嗯……我不知道。”理赔员有点慌了，接着说：“好吧，400美元。”

谈判专家又踌躇了好一阵子，才缓缓说道：“400美元？嗯……我不知道。”“就赔500美元吧！”理赔员又说。

就这样，谈判专家只是重复着他良久的沉默，重复说着那句缓慢的话，就让这件理赔案在950美元的条件下达成了协议。

谈判中，有效运用沉默，往往能收到千言万语所不能达到的效果，一切尽在不言中。而且，沉默并不是简单地不说话，而是一种胸有成竹、沉着冷静的姿态。尤其是在神态上，更是要表现出一种优势在握的感觉，从而逼迫对方沉不住气，先亮底牌。

当然，只是简单地沉默不语也许并不能帮助我们达到目的，这种时候，我们就可以“顾左右而言他”或辅以某些相应的“体态语言”，比如微笑地中断、皱眉头等表示身体不佳的动作，双手在胸前交叉、目光旁视等动作，向对方发出“我无法回答”的信息。

最后我们还要注意一点，我们在运用沉默时应当注意对沉默的时长进行掌握，当行则行，当止则止。如果在交流时滥用沉默，那这场“没有硝烟的战争”就不知要拖延到什么时候了。而且，当我们在面对一些老谋深算、富有谈判经验的人时，对方也许会一下子就窥探出我们沉默的用意，然后“将计就计”，令我们失望。所以，沉默的方法要慎用。

8

多一点滋润人心的“人文关怀”

无论是在屏幕上，还是现实生活中，那些令我们感动的、留存于心的东西，往往都是充满了“人文关怀”的。简单来说，所谓“人文关怀”，其实是一种以人为本的思想观念。它不仅承认了人的价值，同时也是关心一个人多方面、多层次的需要。因此，以“人文关怀”为基础的论点和语言，往往更能引人深思、令人信服。

西晋李密写给晋武帝的《陈情表》就很好地体现了这一点，首先叙述祖母抚育自己的大恩，以及自己应该报养祖母的大义。然后又在感谢了朝廷的知遇之恩后，倾诉自己不能从命的苦衷，真情流露，委婉畅达，成功地说服了晋武帝。注重将“人文关怀”融入谈话中，在《陈情表》中提现得淋漓尽致，在今天的现代社会环境下，更不能忽视这一点，让我们看看董卿是怎么做的吧。

董卿主持的《中国诗词大会》让观众大呼过瘾的原因，不仅是因为她总能“金句”频出，以及有着丰富的诗词量，还因为在董卿的言语中，我们总能感受到带着满满人文关怀的暖意。

比如在面对做了全胃切除手术的民警夏鸿鹏时，董卿对他说：“命运无法妨碍我们去欢笑，即便它在胁迫我，我也要笑着面对它。”给予对方力量。如果一个人没有发自内心的关怀，相信即便是演技再好的人，也是无法说出这样的话的。

再比如说，面对新婚燕尔的朱琳和李昂的爱情宣言：“宜言饮酒，与子偕老。”董卿这样祝福他们：“当年梁思成和林徽因定情的时候，梁思成问为什么是我？林徽因只说了一句：你这个问题，我要用一生来回答你。”

而目睹了朱鸿麟、吴丽华老师 38 年的携手相伴后，董卿感叹道：“年轻时候的爱情鲜艳欲滴，年老时候的爱情朴素无华。我们坦然去接受不同时段的爱情的样子，但最重要的有一点不能变，爱情的本质就是不离不弃。”她很自然地就表现出了自己的人文关怀。

都说："恶语伤人六月寒，良言一句三冬暖。"事实就是如此，语言既可以无情地毁坏交流双方的情谊，也可以像蜜糖一样滋润人心。如果我们在语言中能够时常流露出对他人的关心，让对方觉得我们在关心他、关注他，真的把他放在心上。那么对方会更容易接受我们所说的话，并愿意继续交往下去。

况且，无论我们在社会中充当着什么样的角色，都要记得自己首先是一个人。就像一位记者曾在一篇报道中写过的："如果上帝逼迫我在新闻与人之间必须做一取舍，我宁可不要新闻，哪怕这条新闻能产生天翻地覆的传播力量。"

想想看，与别人交流时，如果我们过于强调自己的职业，而忘记了自己身为"人"的特性，很可能就会给人留下"冷血无情"的印象。没有人会愿意跟一个冷血无情的人有过多的交往，甚至不会愿意听这样的人说任何话。

所以，一个具有"人文关怀"的人，在任何时候都会带着对人的尊重，并以此切入话题中心，搭建起双方交流的重要桥梁。

在《长大要成人》一期节目中，柴静采访了一位16岁的少年博士。这位天才少年说，自己打算在拥有北京户口、房子、好工作后向暗恋已久的女孩表白。柴静就问他："你觉得在北京没有房子、户口、工作，你就没有权利谈爱情？"

当这位天才少年说到自己想让父母为他在北京全款买房时，柴静又说："大家听起来，觉得你用这个方式是在逼你父母。"并问道："难道你始终认为说，你这16年走过的道路，只是你父母为了实现他们的理想而逼着你走的？""你的下意识是不是有一种想法是说，不是我要你们为我负责，而是你们要为我负责？"

柴静的问题虽然有些锋芒毕露，但她却是以人文关怀为出发点，希望能借此让这位天才少年认识到自己的偏激，以及父母的不易。

并且，面对天才少年这种不成熟的心理，柴静关切地对少年的母亲说："他还这么年幼，大家可能只是希望说在他的知识跟智能发展的时候，他不要忘了爱，还有同情，还有责任感。也许一个人的知识可以从头来读，但一个人的身心发展到一定的程度可能很难再退回来。"

这其实就是一种对"人"的尊重，而这样的话不仅能体现出自身修养的高度，也更容易让别人接受我们的观点或意见，丝毫不会让人感到莽撞。不得不说，这确实是一种赢得别人尊重和好感的有效途径。

更何况，当我们轻视一个人的时候，自然不会把他放在心上，对他的一切也会表现得漠不关心。但如果我们重视一个人的话，肯定就会去关心他的感受，关心他的状况。而当对方感受到我们的轻视或重视之后，自然也会报以同样的态度。

所以，当我们想跟某个人搞好关系时，选择把对方放在心上，并在言语中透露出人文关怀，无疑是最为有效的方法。

9

耐心聆听对方的倾诉，了解他人心中的感受

与人沟通是一种双向互动的过程，所以我们除了要会说之外，还要会听。如果我们能耐下心来聆听别人，就能更好地了解他人心中的感受，从而实现有效的沟通。

筹划《朗读者》期间，为了更好地了解别人心中的感受，作为主持人的董卿经常走上街头，去普通人群中寻找朗读者。“因为那里有着更多想要倾诉的心灵。”

在街头巷尾，董卿找到了想把朗读“送给跟我一起奋斗的余菲阳同学”的女孩；有把朗读“送给我的老父母”的年轻人；还有北漂多年，“读一首余光中的《乡愁》送给亲人”的中年男子……

通过这种方式，董卿听到了各种各样的声音，有人读给自己喜欢的姑娘听，有人读给自己爱的人听，有人读给自己的宝宝听。各种各样的朗读者通过朗读的方式，把自己的声音传送到自己希望听到的人耳中。

用董卿的话说：“总有一段文字影响生命的成长，总有一个人在生命中留下抹不去的痕迹，朗读者，一个人一段文。”

作家鲍威尔曾说：“我们要聆听的是话语中的含义，而非文字。”在这个聆听的过程中，我们能穿透文字，直达对方的内心。因为在大多数时候，我们都有心怀倾诉的渴望，却很少有人真正愿意去聆听他人的故事。

因此，当我们愿意耐下心来，去了解别人的内心时，大多数人也会敞开心扉，和我们道道家常，说说自己的内心世界。而作为聆听者，不管我们喜欢与否，都应该认真、仔细地聆听别人对自己的倾诉。

并且，我们的耳朵不应该只会听美丽、动听的语言，或者只听自己感兴趣的事，还要好好听听那些唠叨声、不中意的话语。因为那些唠叨声，也许是我们人生中一次值得回忆而又拥有的快乐。

曾担任日本首相的田中角荣口才很好，是位有名的“名嘴”，平时非常喜欢在街头与普通人沟通。对于田中角荣非凡的沟通能力，许多人都很好奇。所以，就有人对他进行详细的分析，结论是他更具有“听话”的涵养。

原来，与其他国家领导人相比，田中角荣更加重视民意。因此，他每天都会一视同仁地接见百姓。当百姓开口说话时，即便是最细微的事情，他也会认真倾听。

这种耐心倾听各种意见的态度和习惯，让他从民众那里获得了更多真实的信息，也更清楚什么是民众最需要的。自然而然的，他也就知道了什么样的话更能打动民众的心。

日常生活中，那些富有魅力的人大多善于聆听。当然，我们在聆听的过程中，绝不是“左耳进，右耳出”，而是用心去听。在聆听的过程中，不断搜集说话者的兴趣爱好，了解说话之人的脾气秉性，然后在适当的时候提出一些中肯的观点和意见。通过这种做法，我们就能够赢得他人的好感，从而得到他人的赞赏和认可。

因此，我们在与别人交流的时候，不仅要学会用耳朵听，还要学会用心听。那么，如何聆听，才能让我们掌握主动，了解他人的内心感受呢？

非暴力对话倡导者马修·罗森博格和现代辅导之父汤姆·斯通，研究出了一种“3F聆听”法，在听这方面对我们有很大帮助。其中，“3F”分别是“Fact”“Feel”和“Focus”。

“Fact”旨在要求我们，不要用自己的想法和固有观念，对别人的话进行评判，而是要客观地接受对方谈话中的信息。比如有人跟我们说：“我从午饭到现在已经8个小时没吃东西了，肚子好饿啊。”那对方想要表达的意思是“我很饿，想去吃饭”，而不是“我8个小时没吃东西了”。

“Feel”是要求我们在倾听事实的同时，去感知对方的感受。比如有人说：“今天的气温是39℃。”那对方在说一个事实的同时，也可能是在表达“今天很热”的感受。

“Focus”则是把握对方语言中真正的意图。比如丈夫回家晚了，妻子说：“你回来做什么，你还找得到路回来啊？”难道妻子真的是在问丈夫是否还记得回家的路吗？并不是的，她真正想问的应该是：“赶紧交代，你到哪儿鬼混去了？”

总而言之，学会聆听是一种主动的生活态度，是用心去感受心与心的交流和碰撞。学会耐心聆听，不仅能开阔我们的视野，增长见识，更能帮助我们懂得理解的艰难和不易，也让我们学会用温暖去了解别人内心的感受。所以，懂得用心去聆听别人的人，一定是非常受人欢迎的。

10

在晓之以理时，莫忘动之以情

想要打动别人，最大的障碍就是对方的“心理防线”。所以，设法动摇对方的心理防线，是打动对方的关键因素。那么，如何动摇对方的心理防线呢？除了要晓之以理，让语言内容充实之外，更要动之以情。董卿就很善于以“情”动人。

樊锦诗是一名潜心于石窟考古工作的工作者，她从青春年少到满头华发，为莫高窟的永续利用、永久保存倾尽了全力，是“敦煌的女儿”。当她走进董卿主持的《朗读者》时，董卿说：“当您从我们的红地毯通道向我走来的时候，我心头一热：这样一个瘦弱的身躯里，怎么会蕴藏着这么大的力量啊。”

董卿告诉大家，国立敦煌艺术研究所在1944年成立，常先生是第一任所长。而樊锦诗也踏着这些前辈的脚印，成为了敦煌艺术院的第三任院长。

说到这里，樊锦诗也感慨地说：“待了一年又一年，转眼就是一辈子。主要是被老一辈感染，被敦煌的艺术魅力吸引。我慢慢也理解了，他们待下是为了敦煌，他们离不开敦煌这个艺术。我也是，那么是不是也给敦煌做一点事？”

“理”就像是硬物，而“情”则如水一般。刚强之物，形可碎而不可变，坚而不韧，强而易脆。而柔软之物，随势变形，柔而耐长久，软而有韧性。如果我们能对其进行合理的运用，那我们说出的话将更容易打动他人，甚至能起到催人泪下、影响别人的效果，让人在不知不觉间就接受了我们的要求。这就是情感的力量。

另外，我们打动别人的关键，其实就是向对方全面分析利弊得失，并向对方陈述其中的利害关系，看准了对方的需求。这样一来，我们说出的话才能做到有的放矢。如果我们丝毫不考虑对方的合理需求，双方的交谈就会没有共同语言，打动人自然也就无从说起了。而且，打动别人要有理有据，不卑不亢，语气也要亲切随和，入情入理，这是成功打动他人的真谛所在。

一般来说，简单的事情、小道理或一两个经典的事例，再加上简明扼要的分析，我们就能把道理说清道明。而较为复杂的事情、大道理，由于涉及多方面的因素，所以需要全方位、多层次、多角度地开展语言工作，才能得出最终结论。

而且，这个结论最好不是由我们自己单方面推断出来，而应用征询的口气引导对方一起推理、共同探讨，然后得出结论。让对方把我们的意见、主张，当作自己寻求到的答案，自愿接受。这样打动人心的说话方式才更高明，因为对于自己思考得出的结论，人们会更加坚信不疑。

1995年11月，新东方创始人俞敏洪到温哥华邀请徐小平加盟新东方，徐小平表示自己并不感兴趣。于是，俞敏洪对徐小平说："新东方不缺英语老师，但缺有思想的人物，诚恳地希望你跟我回去管理新东方的思想。"

"我回去之后利益如何分配？"徐小平问到。

"没有利益分配，你们上课我付工资，这不符合我和朋友交往的原则。我也不会让你做我的下属，这样你也不会答应。你可以使用新东方的牌子，开创留学咨询的新业务，新业务的收入全部归你自己。"这一番动之以情的话，终于打动了徐小平。

之后，俞敏洪又到美国去邀请王强入伙。当时王强已经有了一份不错的事业，而新东方还只是一个没什么名气的小培训机构而已，对方自然不愿意。

于是，俞敏洪再次发动感情攻势，说："我知道你在美国的年薪有7万，我付不起你的工资。但我希望你不要忘记，我们是很好的朋友，是一起生活过的哥们。我们还是知识分子，中国的知识分子历来都视金钱为粪土，我要是给你发了薪水，就侮辱了你的人格。"最后，王强还是被俞敏洪所打动，决定放弃美国贝尔研究所的丰厚待遇，回国加盟新东方。

"晓之以理"其实就是给对方"摆事实，讲道理"，让对方从我们所讲的道理中领悟到正确性，从而接受我们的观点。"动之以情"则是要求我们准备打动别人的时候，要开诚布公、以诚相见，让对方感受到我们的诚意。以真心去换取对方的实意，自然更容易促使双方尽快达成一致，从而成功地打动对方。这就是"以理说人，以情动人"的威力。

第七章

说有趣的话，

做有趣的女子

1

你需要一个有趣的开场白

“大家好，我是你们的学长，证据就是我学得好，长得也好。”一句话，让大家都记住了这个人，觉得他有趣。

我们知道，在初次与人见面时，一个幽默有趣的自我介绍，往往能给人留下深刻的印象。尤其在某个聚会或面试场合中，幽默的开场白不但能引人发笑，还会给人留下非常好的印象。

在第十四届青歌赛的流行组比赛中，原本是一号选手的金美儿，在团体5轮中都是最后一个上场，但在当天的个人决赛却抽到第一个出场顺序，心里难免有些紧张。

为了减轻选手的心理压力，董卿略带幽默地安慰她说：“第一个上场很难找到圆舞曲的感觉。但是对于有实力的选手最后一个上场叫后发制人，第一个出场叫一马当先。希望你能有一个良好的开始，因为良好的开始是成功的一半。”观众席里响起一阵热烈掌声。

作为青歌赛的一道亮丽风景线，董卿能够巧妙地运用选手的两次出场顺序，寥寥数语中却风趣地表达了对选手的祝福，同时为比赛增添了活力，充分显示了一个优秀主持人具有的睿智口才。

在我们身边，能运用有趣的开场白来激励别人，往往会为自己的魅力起到锦上添花的作用。而且，这种风趣幽默、鼓舞人的语言，会给别人展现出一种优雅的风度，一种健康的心态，一种文化的内涵，一种人生的积淀，还有一种思想的睿智和生命的美丽与洒脱。

况且，有趣的开场白是缩短人际距离的一条捷径，它的作用，是让观众在轻松愉快的气氛中自觉或不自觉地进入到角色中。并且，有趣的开场白还可以为人们消除紧张，减轻压力，解脱窘境。如果我们能把握好、运用好有趣的开场白这张“名片”，那无论是建立良好的自我形象，还是成功的交际，都能为之打下坚实的基础。

当然了，即使幽默的语言，如果我们说得拖泥带水的，大家同样会一听就忘。因此，我们还要求在这样的开场白中，学会把自己的特点凸显出来。比如有个记者在“记协”聚会上这样介绍自己：“我喜欢写诗，可写不过舒婷；我喜欢唱歌，可唱不过毛阿敏；我喜欢主持节目，她俩可能比不过我……”这么一说，既显示了他的才能，又显示了语言幽默的特点，从而博得了大家的好感。

开场白的关键，是要给人留个好印象。就如所谓的“首因效应”，在人们心目中的印象一旦形成，就能定下对这个人认识的基调，成为以后交往的依据。初次见面，说话幽默得体，不但会给对方留下好印象，也会为彼此的交往打下良好的基础。

在一次法国巴黎高等商学院举办的学生会主席竞选活动中，华人竞选者张宏岩一上台就说：“为什么今晚我会在这儿呢？因为我听说学生会需要一个厨师。”说着，他背后的大屏幕上就出现了一张大照片，正是他扎着围裙做饭时的样子。观众哄堂大笑，同时也生出了好奇心，想知道他葫芦里到底卖的是什么药。难道，他是要借此机会向大家科普中国菜的美味吗？怀着这样的心思，所有人都目不转睛。

然后，他接着说：“我觉得不管是厨师，还是学生会主席，都在做同样的事情，所以我不认同一个好的厨师不是一个好的学生会主席。理由一，他们都需要团队工作，比如我们要一起吃晚饭，我会说：‘嗨！大卫，请你跑到超市里给我买二斤猪肉’，你一定跑得很快；理由二，他们都在做后台工作，比如一个厨师不会跑到你面前，跟你说你喜欢的可口食物是他做的，同样，你们也不知道是谁组织了昨晚的宴会；理由三，他们都愿意为公众服务，而我们今晚是为了决定谁更愿意为公众利益服务。一个人只有先爱他自己的家，才有可能效忠公众，而一个厨师一定爱他的家，所以一个优秀的厨师一定是个优秀的学生会成员。”

凭着演讲的趣味性，张宏岩最终成功竞选。

由此可见，在与不熟悉的人或陌生人交流时，如果我们也能来个有趣的开场白，无疑会增强我们语言表达的生动性和趣味性，给听的人带来“柳暗花明又一村”的惊喜。当然，说有趣的开场白也讲究一定的方法。首先，要了解谈话对象的性格爱好，以及是否有什么禁忌；其次，调动大脑中的素材，组织语言，用幽默元素或者热门笑料组成有趣的开场白；最后，配合肢体语言，以微笑和善的表情向对方展示出我们的魅力和风度。除此之外，我们也需要警惕：话题不能过激，否则引起别人的反感那就得不偿失了。

2

借题发挥秀幽默

恩格斯曾经说过：“幽默是具有智慧、教养和道德的优越感的表现。”借题发挥的幽默，是一种高深的说话艺术手段。幽默能表现说话者的风度、素养，使人在忍俊不禁的同时，能够创造轻松活泼的氛围。

2009年9月8日晚，中国电视剧最高规格的奖项——第27届电视剧“飞天奖”，将颁奖场地设在了北京“水立方”国家游泳中心。颁奖典礼中，当优秀导演获得者康洪雷和郑小龙同时登台领奖时，站在舞台两侧的礼仪小姐挥舞着绸带，整齐有序地跳入水中，以这种仪式感极强的方式，对获奖者表示祝贺。

主持人董卿马上借题发挥，幽默地说：“我们看到两位才华横溢的导演走上台的时候，我们的姑娘们都倾倒了，倒在了水池里，以朵朵浪花迎接着你们，看来我们二十一世纪的男性，同样也有沉鱼落雁的气势。”场下一片笑声和掌声。

从中我们可以看出，董卿展示了一位优秀主持人所具备的幽默风趣和睿智机灵。她对独特的礼仪，借题发挥妙语连珠，将“设计好的跳入水中的动作”理解成“为导演魅力倾倒”，真是妙不可言，既表达了对获奖者的赞美，又活跃了现场的气氛。

俗话说，见什么人说什么话。放在点子上的幽默，不仅可以取悦听众，为大家带来欢笑，有时候还能发挥“他山之石，可以攻玉”的效果，让大家更能明白其中道理，易于接受。

况且，万事讲究“机不可失，失不再来”，借题发挥的幽默技巧也是如此。如果我们也想运用这种幽默技巧来创造幽默，不妨像董卿那样，善于抽丝剥茧，敏锐而准确地抓住幽默点，并借以临场发挥，合理巧妙地给人以顺水推舟、水到渠成之势。这样一来，既显示了我们的聪明，也博得了大家的笑声。

姚明虽然是名篮球运动员，但他的“姚式幽默”同样让人佩服不已，尤其是借题发挥的幽默，就是一个“大写的服”。

比如一名记者问姚明：“泰格·伍兹对高尔夫球的发展做出了巨大的贡献。而篮球在中国比起高尔夫球来说影响要大得多，你认为这其中你的个人影响力有多大？”姚明歪着脑袋狡黠地称：“我想，那是因为篮球比高尔夫球大一点点吧。”

一名记者又问道：“曾经有人建议把篮筐的高度提高，因为NBA里有太多的人能够扣篮了,你对此怎么看?”姚明风趣地解释说,虽然他个子很高,却从来没碰过头。

一名记者问：“你将来如何对待媒体的围追堵截？”姚明笑说：“尽可能跑得快一些。”记者接着追问：“在这里最害怕什么？”“希望大家不要将我逼进厕所。”说完，姚明自己也笑了。

姚明不仅仅有很强的篮球竞技能力，更有很高的情商。这是他能融入到NBA的氛围中去，成为近乎全球偶像的原因。热爱篮球的父母不但给了姚明2.26米的身高，也给了他一颗充满智慧的大脑。正是凭借这份独特的“姚氏幽默”，他成为了最佳的传递东西方文化的友谊桥梁，让无数中国球迷为之尖叫。

不得不说，借题发挥这种幽默技巧，确实是一种不错的气氛缓冲剂。它像一座桥梁拉近了双方的距离，使陌生的心灵变得更亲近，以最敏捷的方式沟通感情，融洽气氛；以轻松的形式说服他人，化解矛盾。

另外，借题发挥式的幽默，还是女人增加魅力的一种技巧，是显示自己智慧的直通车。有了幽默，就能让女人的魅力更添趣味。这种幽默不是一种本能，而是一种智慧和后天修养的表现，包含了豁达和自信，也显示着一个人对新事物的接纳。一个懂得幽默的女人，一定是智慧的。也许，她不一定美丽，但她一定热爱生活，懂得用自己的方式面对难解之题。

3

即兴幽默：就地取材

一个女人的魅力可以来自美貌，可以来自才学，当然也可以来自幽默。而幽默是快乐的催化剂，它的特点就是令人发笑，使人快乐、欣悦和愉快，把这一特点运用到社交生活中，会取得令人叹为观止的效果。幽默可以是夫妻间的保鲜剂，使夫妻关系和谐；幽默可以是同事间的润滑剂，使同事关系融洽；幽默可以是陌生人之间的一扇门，可以更快地让对方走进彼此的内心，相互了解。

主持节目时，凭借着自己渊博的知识，董卿很擅长就地取材的即兴幽默。比如董卿在 2009 年 8 月 23 日主持“美尔雅走进广西”的启动仪式时，应现场几个小朋友请求，唱了一首歌。

歌声赢得了大家的掌声后，正在兴奋点上的董卿似乎有点意犹未尽，笑着说：“谢谢大家稀稀拉拉的掌声。”于是掌声更加热烈。

掌声让董卿的幽默劲又上来了，她自嘲道：“看，有人就这样生生地把一流主持人变成三流歌手，但是今天我愿意！就算我不专业，就算忘记了歌词，我都已经被大家的爱心感动！愿意为这些在祖国的角落里生活的孩子唱上一首歌！”

懂得幽默的女人之所以更容易亲近，是因为她们总能在营造轻松气氛的时候，给别人一种温暖感。所以，能即兴幽默的女人，会用自己睿智的内心世界吸引身边的人，使周围的人愿意向她靠拢。

并且，就地取材的幽默是快乐的催化剂，它的特点就是与情境相关，具有突发性和出其不意的效果。把这一特点运用到社交生活中，会让人觉得独特而富有新意。

比如我们要赴朋友的乔迁之宴，主人也许有些紧张，此时正是我们运用幽默向

对方开开玩笑，帮他松弛心情的好机会。那我们不妨对主人说：“主人邀请我来时，告诉我说：‘你只需用手肘按门铃即可。’我问他为什么非用手肘按，他说：‘你总不至于空手来吧？’”

另外，适当的幽默能帮助女性与他人建立和谐的关系，赢得别人的信任和喜爱。一个女人无论从事什么工作，无论处在何种地位，与人交往是不可避免的。幽默不仅能帮女性更好地与他人进行有效的沟通和交往，还能帮助她们处理一些特殊的人际关系问题，让她们能顺利地摆脱困境。

一次，一位女钢琴家在美国迈阿密州的福林特城举办演奏会。结果却发现，到场的观众还不到一半，这让她既失望又尴尬。

但她并没有因此而取消演奏，而是以幽默的语言打破了僵局。当时，女钢琴家微笑着走上舞台，对前来的观众说：“我想这个城市的人一定很有钱，因为我看到你们每个人都买了两三张票。”话音一落，大厅里立即充满了笑声。

幽默是非常可贵的，特别在气氛非常紧张和严肃的场合时。一个适当的玩笑可以松弛紧张的气氛，好比打开了一道闸门，压力就此倾泻而出，换来的是融洽的气氛。会说话的女人会巧妙地用幽默轻轻拂去可能飘来的一丝不快，改变人们的心情和处境，建构起特有的幽默氛围，巧妙得体地摆脱自己遇到的尴尬场景。

有句格言说：“所谓经常即兴的人就是不惜花费时间去背诵偶然笑话的人。”事实上，各种诙谐并不是像表面看到的那样只靠一时的灵感，我们所听到的许多即兴之辞，也并非都是说话人一时激动或失去自制的结果，这一切都是与其长期积累有很重要的关系。

而且，要想做一个幽默的人，最好还是结合所处的环境就地取材，引出话题。如果是在朋友家，不妨赞美一下主人室内的陈设，比如问问对方的笔记本的性能如何，谈谈他的孩子是如何优秀等等。这样的开场白并非实质性的谈话，主要是使气氛融洽。

另一个方法，就是顺水推舟地抓住对方的话茬，顺着说下去，让其向着有利于

自己的方向发展，从而产生强烈的幽默效果。

总之，要想创造即兴幽默，就要依靠自己的努力。只要我们注意了平时的积累，那么在关键的瞬间，随着机敏切题的诙谐从我们胸中自然涌出，势必会表现出我们随机应变、控制大局的能力，并让我们因此而赢得众人的称赞。

4

调侃一下自己

调侃别人，总归不太好，一不小心可能就会得罪人，引来不必要的麻烦。但调侃自己就不同了，不仅能营造轻松诙谐的气氛，还能给人一种大气、幽默之感。而且，自我调侃也是女人增加魅力的一种技巧，是显示自己智慧的直通车，可以让我们在生活的道路上走得更平稳、更有趣味。

董卿曾受邀担任《挑战不可能》节目的嘉宾，当她被问到“当嘉宾与担任主持人有什么差别”时，她说：“最大的不同就是可以坐着说话，而且说话特别管用。”董卿幽默地调侃自己的评委身份，令现场的所有人开怀大笑。

事实上，在社交场合中，学会自我调侃真的是不可多得的灵丹妙药。尤其是当我们遇到一些措手不及的事情，又的确感到难堪和尴尬时，调侃一下自己，都是最安全的做法。

比如主持人崔永元就特别喜欢调侃自己，不过也是实话实说。他曾在江苏大学生电影节上获得“最受欢迎男主持人”称号，他就曾自我调侃道：“大学生们之所以喜欢我，是因为我‘异常亲切’的长相。他们可能觉得我的长相像身边的同学，而身材呢，则像老师，正面看，像食堂大师傅，背面看，却像她热恋中的男友。”一番话笑得台下前俯后仰。

李咏也比较喜欢调侃自己。比如他的脸长而窄，嘴大眼小，鼻梁挺拔，使得他看上去比较与众不同，常惹人议论，但他从不避讳。有一次，记者问他：“你的脸到底多长，量过吗？”他夸张地说道：“今天早上的汗现在刚流到下巴！”记者又问：“有没有想过换一个发型？”他接过话茬儿：“想过呀，但头发又少又软，如何盖得过这张长脸？”

不得不说，调侃自己，真的要比调侃别人来得高尚，也更聪明。想想看，遇到

突发的尴尬场面，如果处理得不够完美或者不够巧妙，都会使当事人很没“面子”。但是如果在遭遇尴尬的时候，能适当地用幽默的语言自我调侃一下，必定能迅速转移他人的关注焦点，从而轻松地摆脱尴尬。

另外，懂得自我调侃艺术的人，会给人一种“提得起，放得下，想得开”的感觉，因而大家乐于与之相处，也不吝啬对他宽容以待。换句话说，一个人若不懂得自我调侃，则很容易招致别人的调侃。

在风靡全球的TED演讲视频中，同样有很多人身怀自我调侃的绝技。比如在2010年2月，美国神经科学家吉尔·泰勒做了一场激励人心的18分钟演讲，详细陈述了她在左脑中风后，右脑神奇的开悟经历。

泰勒描述自己中风那一刻的情形，引得观众哈哈大笑。她说：“我意识到‘天啊！我中风了！我中风了’，第一反应是‘哇！这太酷了！有几位神经学家有机会研究自己的大脑啊’。”霎时间，泰勒抓住了这一表现幽默的最佳时机，说道：“紧接着，我的脑袋里又蹦出来一个念头：‘可我那么忙，哪有时间中风！’”

现实中，无论是国内还是国外，很多公众人物都喜欢以调侃自己的长相来和大家拉近彼此的距离。比如美国喜剧明星Henry Youngman就曾开玩笑说：“我出生的时候，医生没有打我屁股，而打了我妈妈的屁股，因为她把我生得太丑了。”

调侃一下自己，其实是一种处世方法，是一种幽默的方式，是我们生活中必不可少的“润滑剂”。自我调侃可以是一种出于自信的表达，也可以是为了“幽默一下”，还可以只是为了安全地讲个笑话。但总的来说，这是一种乐观、豁达、幽默、智慧的表现。学会自我调侃，并且进行漂亮的自我调侃，能让我们成为一个有趣的人，大大益于我们的人际交往和身心健康。

5

勇于分享自己的糗事

分享自己的糗事，是一个人幽默的最高层次，很多人都会通过这种方式来增添情趣，尤其在一些交际场合，恰当地运用这种方式，可以增添乐趣，融洽气氛，增进彼此的了解。

董卿在进入上海戏剧学院后，才发现什么叫天外有天。据她所说："那时，班里的同学一个比一个漂亮，她们的形体表演也都很出色，很多人此前就已学过多年舞蹈。我记得第一次上形体课时，老师让我们学做芭蕾基本动作，大家都做得很熟练也很优美，只有我跟不上节拍。"

这话逗得大家哈哈大笑，再想想当时的情形，确实有种"女神幻灭"之感。而身为当事人的董卿，对于当时那份糗糗的心情，估计也有点"欲哭无泪"吧。

爆自己的糗事，其实是一种深层次的自嘲，可以通过拿自己开涮来展示自己幽默大度的一面。从无数事实来看，人们对喜欢爆自己糗事的人都颇具好感，因为这类人普遍随和友善，甘愿拿自己做笑料博人一笑，实在难得。

而相比成年后的糗事，很多人都更喜欢拿儿时的糗事出来聊。比如在 2017 年 5 月 30 日江西卫视播放的《家庭幽默录像》中，聊起童年那些令人难忘的尴尬糗事，嘉宾和现场观众都像竹筒倒豆子一样，停都停不下来。

像什么"在幼儿园午睡，睡不着发现旁边有一根毛线就扯着玩，午睡完发现旁边小朋友的毛裤少了一边腿""小时候老师总要求家长在试卷上签字，有次我没考好，就从之前的试卷上，把签名给剪了下来贴到试卷上，结果第二天就被叫了家长"……

在一期《非诚勿扰》录制现场，"铁三角"孟非、乐嘉、黄菡三位老师齐爆各自儿时的糗事，各种异想天开的趣事令人啼笑皆非。

当时孟非绘声绘色地回忆道：“小时候一生病就用体温计测体温。我看到蒸饭的电饭煲有个眼儿冒热气，就想看看温度多高。插进去，啪，炸了！”

乐嘉老师的爆料更是无厘头，他说：“我6岁的时候就把一只鸡和一只鸭关在一起，想看看它们能生出什么来。”

接着黄菡老师说道：“我小时候一直认为杏仁能生出小鸡来。”

三人的种种糗事经历，引起了场上女嘉宾们回忆儿时趣事的热潮，全场更是欢笑不断。

除此之外，勇于分享自己的糗事，还能帮助我们摆脱因为失误而陷入的窘境，同时消除误会，抹去苦恼。

比如马英九曾在接见某个团体时提到了鹿茸，他当时说：“纽西兰还出一种很有名的东西叫鹿茸，鹿耳朵里面的毛。”这一常识性的错误，曾一度被众多网友大肆吐槽。于是，在他卸任前夕，还特意在脸书中秀了一段头戴“鹿茸”自拍视频，回应其在任期间的“糗事”。

作为名人，一举一动都在万众瞩目之下，稍有不慎就有可能“一失言成千古恨”了。因为总会有人盯着那些“梗”，并以“最坏的恶意推测人心”。像马英九的这个脸书视频出现后，就有网友给他留言吐槽问：“你是马脑水母吗？”他幽默回应：“宝宝不是马脑水母，可是宝宝不说。”

所以说，当那些失误、错误、或真或假的糗事，被自己笑着说出来了，别人就不能再拿它怎么样了。

正如有心理专家讲过：“人生所有的困惑和情绪都来自‘不能接受、不能面对、不能放下’。把那些已经发生过的糗事、难堪的事、尴尬的事、令人伤自尊的事或者是别人造谣生事无中生有的事，能够笑着说出来，能够坦然地接受、面对、放下，才是高手的化解之道。”

6

运用丰富的肢体语言

与人交谈，除了说话的内容之外，对方的一举一动、一颦一笑均可以表现出他的心理活动。相对的，通过这些肢体语言，我们也可以更好、更完善地表达自己的意思。而且，肢体语言并不只有辅助说话的功能，如果运用得当，肢体语言还能帮助我们掌控说话的节奏，让对方赏心悦目，甚至进入到我们说话的情境中来。

郁钧剑在说起董卿的主持方式时讲道：“做主持很有天分，她的嗓音音色偏中音，因此有天然的磁性。还有她的语速适中，肢体语言不夸张轻浮，加上她有对待不同人物、事件、场合都拿捏得恰到好处的分寸感，所以深受广大观众的喜爱，不愧为当今最好的‘国家级’的女主持之一。”

很多人在说话的时候，都会借助肢体语言来加强语言效果，有的夸张搞笑，有的严肃认真。对于很多高明的演说家来说，肢体语言甚至可以成为他们的第二张脸，对其语言具有很好的修饰作用。

很多时候，某些情感和欲望如果换成口头语言的话，可能会显得非常困难，但若是换成肢体语言，那么表达起来就会变得容易一些。可以这样说，肢体在很多时候比嘴巴更会“说话”。

比如一个朋友在需要我们安慰的时候，如果我们直接开口，免不了会提到对方的伤心事，或者可能让对方觉得没面子，从而误解了我们的安慰。但如果我们选择不说话，而是用手拍一拍对方的肩膀，表示自己在支持他，那对方可能就会感到莫大的安慰。

就像心理学家琼斯所说的：“说话就是 9% 有效的肢体语言。”所以，学会在不同的场合运用不同的肢体语言，是非常重要的。

柴静在人们心目中，一直是不食人间烟火的“公知女神”形象。镜头里，她喜欢用最清简、真实的新闻语言贴近事实。每每面对镜头，她亦是神情淡定，声音柔和。

柴静喜欢微笑，比如在对德国志愿者卢安克的采访中，我们可以看到柴静脸上那种无邪、纯真的笑。对于微笑，柴静并没有做多余的掩饰，也没有为了笑得好看而刻意讲究角度、时机，觉得好笑了，自然而然就笑了，微微笑很亲切，咧嘴笑很畅快，会心笑很达人。有几次，她发自内心的笑牵动了眼角，甚至暴露出了她的鱼尾纹。对其他主持人来说，这样的事情或许是大忌，但柴静好像并不在意，依然笑得灿烂。

除了善于运用微笑之外，柴静在采访中还注重其他身体语言的运用。应景的眼神、低头的动作、在那种精神力量强大的人面前表现出的害羞和敬畏等，这些身体语言的运用，让整个采访过程的氛围都非常融洽。观众在观看的过程中，也会随着她表情的变化和感知能力，来增强或减弱自己的认识。

身体语言的运用，在很大程度上可以对一个人有声语言所传递的信息，起到补充、强调、解释和说明的作用。比如，身体语言会让我们所说的内容和传播意图能够更加清晰、准确地传递给别人，从而在很大程度上提升语言的传播效果。

比如手势可以配合语言向别人传递信息，在实际使用中，手势的变化形式繁多，我们大多凭着本能的习惯来运用。如果对此并不注意的话，手势会随着语言的节奏而失去协调感，这样反而会带来负面效应。

所以，运用手势一定要得体、自然、恰如其分。比如，当我们和客户、朋友、同事一起到某个饭店吃饭，我们若用右手掌心向上向对方表示“有请”的意思，这不仅是一种礼貌的做法，也表达了对对方的尊重。

再比如，当我们的朋友针对我们的某个创意提出了自己的看法，并且，我们认为他的看法非常可行，那么，我们在表示赞同的同时竖起大拇指，可能就会让对方特别有成就感，并加深对我们的好感度。由此可见，准确适度地运用手势，既可以传递思想，又可以表达感情，还可以增加有声语言的说服力和感染力。

手势语作为非言语沟通的重要手段，主要的目的在于强化言语所发出的信息，使非言语与言语相得益彰。但令人遗憾的是，并不是所有人都能够将手势运用得恰到好处，在日常生活中，由于种种原因，有些人的手势非常不雅，更有些人因为不

懂得手势代表的意思，从而弄巧成拙，引起不必要的误会。

另外，在不同的国家，由于历史传统及文化背景等不同，手势的含义也有所不同，甚至意义相反。如美国人有时将头仰起，一只手的手心向下，四指弯曲，以食指横在喉头前，指自己吃饱了，再吃就吃不消了；而在中国，这一动作常表示“杀头”的意思。

再如，大家熟知的“O”型手势在英语世界里是“OK”的意思，有着“高兴”、“佩服”、“顺利”等意义，但在法语世界里却代表“零”或“没有”，到了日本、东南亚一些国家则代表“金钱”的意思，而在巴西竟然代表“肛门”的意思。试想一下，当你要称赞一位巴西人时却使用了“O”型手势会有什么样的结果。

除了掌握以上手势要领以外，我们还必须避免一些手势禁忌，如边讲话边打响指、勾动手指招呼别人、一边说话一边抓耳挠腮、对他人指指点点等，不仅会被视为没有素质、没有礼貌，而且极易招致反感，甚至引发不必要的麻烦。

7

高情商就是有分寸地开玩笑

想做一个说话讨喜的人，就要懂得哪些话该说，哪些话不要说。将别人看在眼里，放在心上，才能用言语打动别人，让别人不知不觉喜欢你。一个聪明的女人在每说一句话之前，都会考虑一下她要说的话是否合适，而不是口无遮拦，想说什么就说什么，给他人造成不快，还自以为“我不过是在开玩笑”。

董卿在《挑战不可能》节目上担任嘉宾时，看到一个整容的女选手，而她又对这个姑娘为什么整容产生了兴趣。换做是其他人，大概会直接脱口而出地问：“你当初为什么整容啊？”

但董卿不一样，她用了一个非常有分寸的词——非自然生长。这让观众纷纷感叹道：董卿的情商真的好高啊，太会说话了。

不可否认，每个人都有追求美丽的权利，人人都需要被尊重。在说话时考虑别人的感受，把别人放在心上，是一个女人聪慧、机智且极有分寸的表现。

一个在聊天时只考虑自己而忽略别人的人，往往会被别人看作自高自大、自私自利，这样的人爱以自我为中心，也往往会让大家避之不及。而那些能把对方放在心上，畅所欲言的人，才是真正的说话高手。

即使是亲密无间的朋友，我们在说话时也不能口无遮拦，不考虑别人的感受。有些女人说话之所以惹恼人，都是因为说话时不顾忌别人的感受，不将别人放在心上。

比如我们看到一位身材肥胖的女同事，如果跟对方开玩笑说：“哟，你又长胖啦？你老公都弄什么给你吃，把你喂得这么肥啊”那女同事的心里一定非常不爽，甚至有可能马上和我们翻脸。

一位刚刚失去亲人的朋友正处于悲痛之中，即便是为了让对方开心，但如果我

们冒失地说："知道你最近心情不好，听说电影院上映了一部喜剧大片，要不要哪天咱们一起去看看？"朋友也一定不会对我们有什么好的印象。

也就是说，虽然幽默是一种非常不错的"调剂品"，但也要注意分寸，要分人、分地点、分场合。否则，不仅会闹出笑话，甚至还会引起别人的不高兴，从而造成朋友之间的隔阂。所以，想要让幽默起到好的作用，就要掌握好"度"。

朋友聚会，正好有个小伙子刚从国外度假回来，正兴高采烈地和大家聊起自己在异国的见闻。一个女孩嬉笑着冒出一句："哈哈，都往国外跑，小心到时候飞机不见了，那可就找都找不到了！"

此话一出，热闹的气氛立马变了，大家心中咯噔一下，想起之前的"马航失联"一事，都有些不是滋味。而那个小伙子又是个异常敏感的人，他觉得这根本不是一句玩笑话，而是对他的诅咒，脸色立马阴沉下来。

所以说，幽默，并不是随时随地都可用，合乎情景和心境很重要。像聚会上的女孩就忽视了这一点，也许她原本是想借马航调侃几句，活跃一下气氛，结果却适得其反，将气氛调至冰点。

因为每个人的人生观、价值观都不同，所以并不是所有的玩笑对每个人都能开的。这就需要我们"看人下菜"，开与不开，开什么玩笑和开到什么程度，都应该因人而异。不能一见人就调侃，也不掌握分寸和时间。有些人开朗、心胸宽阔，即便玩笑开大了，他们也会一笑而过，不会记在心上。但有些人却心胸狭窄，如果我们的玩笑或多或少伤到他们的自尊，可能就会让对方记住一辈子。所以，调侃应该谨慎，尤其是对陌生人或不熟悉的人。

况且，调侃本身就有娱乐的成分在里面，既然有娱乐，就表示要有"笑"果。但是如果在不合适的场合中进行，就会有相反的效果了，也就是所谓的"乐极生悲"。笑话本身大多很简单，也就在于以简单取胜，如果变得复杂，就会伤人。

而幽默调侃除了要注意场合，把握好"度"之外，同样的幽默最好也不要在相同的场合下重复使用。比如有位老师在学生回答完问题之后，总喜欢模仿某个主持人的口气说："某某回答完全正确，加 10 分。"一开始，学生还觉得新鲜、好玩，但每次提问，只要学生回答正确，这位老师都会用同一句话、同一个口气来调节气氛。高频率地使用一句话让学生感到乏味，背后还给这个老师起了一个“加 10 分”的外号。

另外，我们要切忌拿别人的隐私或道德品质来当作幽默的“好料”。幽默的内容一定要健康，千万不要让对方觉得，我们的快乐是建立在别人的痛苦之上的，这样很容易让对方产生一种被利用的感觉。所以，开玩笑也要选一些知识性、趣味性的话题展开，这样才能达到意想不到的效果。

8

巧妙的比喻，让语言更生动形象

主持人的语言要求准确、精炼、生动形象、通俗易懂。那么，我们该如何去处理观众不太熟悉的题材呢？对此，著名哲学家叔本华曾说："在你的句子里，应该充满动物、石头、男人、女人、桌子、金属等具体的东西。"这句话就是在告诉我们，要用形象具体、耳熟能详的东西来比喻自己内心的意思，会让语言显得更加生动形象。

比如耶稣在形容天国的样子时，他是这样说的："天国好像面酵，妇人把它拿来藏在三斗面里，直等全部都发出来；天国好像商人在寻找珍珠；天国好像网撒在海里。"这么一来，那些农人都明白了。因为妇女每星期都会使用酵母，渔民每天都要抛网，商人经常从事珠宝的贸易。所以说，多用比喻，深入浅出，能够把抽象的道理具体化，把概念的东西形象化，让观众听得入耳、听得明白。

董卿在第 11 届全国青年歌手大奖赛上，笑称自己是"绿叶"，因为专业组比赛的主要工作，就是照着屏幕念题。但这样巧妙的比喻，却让大家看到了董卿的大气、沉稳之下，有趣的一面。

比喻的使用，不仅能让我们的语言变得轻松、愉快，还可以使气氛变得活跃起来。并且，除了董卿之外，还有许多有趣的人都喜欢运用比喻。

就拿著名主持人欧阳夏丹来说，她就被中央电视台的工作人员比喻成"拼命三娘"。"我们常常开玩笑说，黑夜给了我黑色的眼睛，我把它献给《第一时间》，大家都是一样的辛苦和努力。"她说，"为了心中的梦想在这片舞台上耕耘，有这样的一份经历，也不会后悔。"

还有某位著名的女演员，因为身体发胖，就经常拿自己的体形开玩笑："我不敢穿上白色游泳衣在海边游泳，我一去，飞过上空的美国空军一定会大为紧张，以为他们发现了古巴。"一句生动的比喻，不仅没有降低自己的品位，大家反而觉得这位胖女士有可爱的性格和豁达的心胸。

除了让语言变得有趣之外，通过比喻的方式，我们还可以帮助自己轻松地摆脱困境，为自己解围。因此，比喻在应付尴尬境地中有特殊的表达功能和使用价值。

著名的女主持人杨澜，还在主持《正大综艺》节目时，曾被邀请为某市的一次大型文艺晚会担任主持人。出人意料的是，在演出晚会到中途时，杨澜在下台阶时不小心摔了下来。在这种大型场合出现如此情况，确实令人尴尬。

但杨澜非常沉着地爬了起来，凭着她特有的非凡口才，对台下的观众说："真是马有失蹄，人有失足呀。我刚才的狮子滚绣球的节目滚得还不熟练吧？看来这次演出的台阶不是那么好下哩！但台上的节目会很精彩的，不信，你们瞧他们。"

杨澜把自己摔倒的动作比作"狮子滚绣球"，不但使自己摆脱了难堪，更显示出了她舌灿莲花的口才，以至她话音刚落，会场就立刻爆发出热烈的掌声。

遇到一些突发的场面，如果处理得不够完美或者不够巧妙，会很麻烦。但如果我们能巧妙地运用比喻，幽默一番，必定能快速转移他人的关注焦点，轻松地摆脱尴尬。

总而言之，带有幽默含义的比喻，都是有趣或可笑且又意味深长的，是思想、学识、品质、智慧和机敏在语言中综合运用的成果。如果我们能够灵活巧妙地使用这种方法，必然能为我们的语言增添多彩的元素和快乐的因子。

9

适度自夸，有益无害

我们在电视上看到一些明星为某产品做广告时，总会说这些产品是“放心产品”“值得信赖”等等。但事实上，这些产品他们未必真的使用过，而明星所说的这些话，不过是为了给该产品“贴金”罢了。这种行为在心理学上被称为“名人效应”，其做法同样适用于我们的日常交流。

就像生活中的一些人可以结识到很多成功人士，与他们交谈。这样的人不一定就非常成功，但至少他们与成功人士说话时，会表现出优秀的一面来。而这是需要通过我们适度地对自己进行自夸才能做到。简单来说，我们也要学会给自己的脸上“贴金”，才能让别人看到我们的实力。

2017年2月，主持人董卿首次担当制作人的《朗读者》节目开始播出。之后，董卿又变身为主编，为大家带来了她的首套图书《朗读者》。

在新书发布会上，董卿说：“这一年多我多了一些新的头衔，制作人、主编，说明我在一些新的领域做了一些尝试和努力。做这个节目的制作人，我花了一年多的时间酝酿和准备，做这本书的主编我和人文社最优秀的团队努力了将近三个月。但是，真正能够走到这个舞台上和大家见面，我用了23年。”

在这里，董卿首先谈到自己做《朗读者》节目的艰辛，“我有一把蓝色的小镊子，以前是用来拔眉毛的，过去这一年我用来拔白头发。因为我做了这个节目之后，无休止地熬夜，策划、录像、后期……所以我见过北京城后半夜各个时段的样子，两点、三点、四点、五点、六点，正因为这样，白发横生。有时候早上醒来一看，两寸长的一根小白头发生生杵在这儿，特别安静、特别倔强地告诉你，它是身体派来的使者，告诉你身体不爽了。但是我必须这样。”

言语中，我们确实感受到了董卿的辛苦。但从另一个角度来讲，她这其实也是一种“自夸”，在告诉别人自己一直都具有努力的决心和坚持的毅力。

很多人可能觉得，夸耀自己的话应该由别人来说，毕竟“谦虚是一种美德”。其实，这是我们对自夸的一种误解。想想看，如果我们不把自己的优点讲出来，而别人和我们相处的时间又没有多长，那么对方是很难看到我们的优点的，甚至可能无法看到我们的实力。而对于如此平凡的我们，可能根本没有人愿意结交。

因此，我们若想获得良好的、成功的人脉圈，让别人看到自己的优点，对自己进行适度地自夸，偶尔往自己的脸上贴贴金，也是有必要的。当然，自夸也需要技巧，并不是一味地标榜自己多么厉害就可以的。第一，我们可以借助夸赞自己身边的人，来间接地表达自己同他们一样的优秀；第二，我们可以将自夸夹杂在玩笑当中，甚至让对方觉我们故意在调侃，这样既能起到开玩笑的作用，又能一定程度上展现出自己的实力；第三，自夸需要找个好的时机，最好是刚自夸完，马上就有机会能让自己大展身手。

一次论坛会上，当话题谈到传统产业和互联网之间的关系时，董明珠自卖自夸道：“实体企业和制造业是老虎，互联网是翅膀。都说互联网＋是如虎添翼，没有我们这样强壮的老虎，互联网＋算什么。如果没有实体经济只靠互联网，不可能成功。互联网仅仅是一个工具，你在网上开一个店你就成功了？那你卖什么？所以，我要说，这个社会不能没有马云，也不能有太多马云，但董明珠是越多越好。”

为了强调实体经济的重要性，董明珠直接拿互联网大咖马云开玩笑，甚至不惜“按下”马云，“抬高”自己，表示马云在中国能有但不能多，而自己则多多益善。一番自夸，让人不觉莞尔。

著名小说家简·奥斯丁说：“最虚伪的事，莫过于谦虚的嘴脸。你想自夸，尽管自夸。”不得不说，在某些场合中我们与其故作谦逊，还不如像董明珠一样自夸一番，表现出我们的亲和与幽默来。

而且，自夸还能帮助我们给他人留下更积极的第一印象，让我们在社交场合中更具“人际魅力”。因为在某些情况下，善于自夸的人更容易被人认为是自信的、令人感兴趣的。与之相对的，那些不善于自夸的人则被认为更焦虑和小心翼翼。

另外，自夸者们往往会有一种心理动机，比如通过向别人展示自己的能力或优势，来获得别人的关注。但如果我们展示能力或优势时所提到的，是一个尚未完成的事情时，这时的自夸很可能就会形成一种“自证预言效应”。也就是说，当我们认为事情将会往好的方向发展，那么我们就会更有动力去把这件事情做好，最终我们会发现，事情正像我们所预想的那样有了好的结果。

因此，当我们自夸地表达了自己能够胜任某件事情时，“自夸”的自证预言效应，便很有可能逐渐带领我们实现这一目标。

当然，自夸一定要适度，不要一味地给自己“贴金”。如果我们太过于言过其实地夸赞自己，一旦被别人看穿后，同样会让他人觉得我们虚伪，如此，就适得其反了。

第八章

自信，
底气源自于不断地刻苦练习

1

舞台上的谈吐从容，是因为已经做好了准备

从1994年到浙江电视台开启其主持生涯，到2002年进入央视开始，董卿用一个又一个的节目、一场又一场的晚会，证明着自己的实力，也得到了全国观众的喜爱。而她从进入央视主持《魅力12》，到2005年第一次主持央视春晚，董卿更是以一种超乎想象的速度，成长为出镜率最高的实力综艺节目主持人，连续12年主持央视春节联欢晚会，连续8年被评为年度“央视十佳主持人”。

而在鲜花和掌声的背后，她付出的却是十年磨一剑的准备和积累。许多与她合作过的伙伴都表示，除了拥有端庄美丽的外表，和随机应变的主持能力外，董卿还是主持人中工作特别努力、特别拼命的一个。

董卿属于台下十分努力，台上毫不费力的人。据说，她曾在大年三十给设计师电话，要求修改镶着一百多颗钻的礼服上的其中两颗小钻的位置；她曾在节目录制现场摔下舞台，在髌骨受伤的情况下，还要拿着台本和题库才去医院；她曾在节目录制的后台，因为怕把礼服坐皱，就直接跪在椅子上，以保持礼服的最佳观感。

每逢直播之前，她总是一个人待在书房，想象着观众就在她的面前，开始大声练习：“中国中央电视台”“亲爱的观众朋友们”……

“那音量之大，估计楼上楼下的邻居都早于全国观众听到了我的串联词。”董卿开玩笑说，“这些话在我嘴巴里滚了上百遍，上台才有那个底气。”玩笑过后，董卿认真道。

她身边的工作人员曾说：“在主持《中国诗词大会》节目时，董卿的背包里始终备着新华字典，趁着每次化妆的时候翻阅字典，对于生僻字认真标注，反复仔细地准备稿子，这都是极其常见的事情。”

人们夸奖她在节目中对名言警句总能信手拈来，诗词更是即兴背诵。其实，这些都离不开她私下一个人对着台本琢磨一整天，为每一句串词斟酌考据、精心设计。

董卿的从容，是因为她事先就已经完全准备好了。

有人曾这样问董卿：“怎样才能抓住千载难逢的机会呢？”董卿回答：“没有什么方法，我们在机会来临之前唯一能做的，就是忍耐和努力。”也就是说，只有我们对一件事做好了充分的准备，我们才能在机遇来临时从容不迫地把握好它。否则，就算天上真的掉下一个馅饼，我们也只能眼看着别人把它抢走。

所以说，成功没有捷径，只有通过日积月累，方能厚积薄发。而但凡能够一鸣惊人的人，肯定都经过一段相当长的、默默无闻的时期，等到自己拥有稳扎稳打的实力后，才能够走向成功。

时光从来不会辜负一个人的隐忍和努力，如果它许不了我们一个“梦想成真”，它也一定会补给我们一份“无心插柳柳成荫”的机会。只不过是或早或晚，或显性或隐性，或物质或精神，呈现的方式不同罢了。

高雅曾是天津电视台的一名新闻主播，2014年成为中央人民广播电台的播音主持人。与当代纷纭的主持人相比，高雅多了一份知性魅力。在每期节目开始前，她都习惯阅读大量的相关书籍，向各行各业的专家求教，反复与节目嘉宾沟通，孜孜不倦地汲取着各个领域的知识。

正因为如此，她在主持节目时，总能做到思路清晰、谈吐流畅。渐渐地，高雅就形成了一种淡定自然、清新亲和的主持风格。并且，她很注重自己的内涵，从不热衷于当下流行的主持人包装，反而喜欢把所有的精力都集中在如何提高自己的主持内在价值上。

每个人都有自己的梦，但并不是每个人都能为之坚持下来。可高雅却相信：“只要努力永远都不嫌晚。人的命运掌握在自己的手中。”于是，她一直在努力寻找自己的不足，把每一次的主持都当作重大的使命来完成，虚心向大家学习。经过不懈的努力，高雅的主持能力一直在飞速提高，并得到了广大观众的认可。

古往今来，大多数人的成功都是经过了“天将降大任于斯人也”的努力和执着。唯有最艰苦的忍耐、最艰难的坚持，以及最崇高的坚守梦想，才值得最经久不衰的掌声。

但是，在这个快餐的时代，人们拼命地以为，只有速成，才是指向成功的唯一标准。可就算是再快的年代，也需要不计回报的寂寞时光去积淀，去一步步安静的积累，随着时间的堆积，才能有明显的改变。那么，想要做到谈吐从容、条理清楚、应变有道，我们究竟该从哪方面努力呢？

首先，我们要先过“心理关”。比如有些人平时很会说，但一面试或一上台就紧张，手心冒汗，大脑一片空白，导致整个人的思维非常混乱，只得一通乱说。这就是心理能力太差的缘故，俗称“脸皮薄”。对此，我们针对这方面去进行训练，比如试着积极上台发言，争取一切在别人面前讲话的机会。如此，我们的口才才会得到提升。

其次，如果没有一定的知识累积，肚子里自然就没有墨水可以往外泼。所以，我们平时需要注重自身文化修养的积累，并多看一些报纸和新闻时事等。等知识累积到一定程度后，才能出口成章，说话也变得越来越有哲理性。

再次，对口齿的训练是必不可少的。比如我们可以每天至少朗读一篇长文章，试着给朋友讲一段小故事，早晨起来练习绕口令等，让自己的口才得到应有的练习。最好再去多看、多听大师的演讲，去观察和学习那些人的演讲方式，才能知道在台上说话需要注意哪些细节、肢体语言等。

最后，我们可以去参与各种辩论组织。因为辩论赛都是临时给辩论话题，现场思考答辩，非常考验一个人的口才。时间一长，相信我们的口才一定能达到一个新的高度！

2

想在表达上更自信，那就常读书吧

在《中国诗词大会》的舞台上，董卿因为主持的知性美而大放异彩，而她的语言表达能力，尤其是点评总结能力，更是令人钦佩。并且，她的知识储备非常扎实，像名言警句、诗词歌赋、外国诗作，都能信手拈来，运用得恰到好处，说到感性处数次让人流泪，掌声响起。

尽管主持人有及时学、临时学、提词器等。但董卿在诗词大会上丰富的储备、随机应变的应答，绝不是一时一刻，或者苦熬几个晚上就能出来的。

那是董卿从小抄写古诗、背诵古诗的积累；那是她中学三五天读一本名著的好习惯；到央视，再到美国加州留学，无数个日日夜夜，是董卿已深入骨髓的读书需求，就像穿衣吃饭洗澡睡觉一样自然。

为什么我们看到已过不惑之年的董卿格外年轻？网友评价她螓首蛾眉，巧笑倩兮，美目盼兮，那里分明藏着她读过的书，走过的路，见过的事，爱过的人啊！

有人问她：“怎样永葆青春？”董卿说：“女人外表的美都是短暂的，唯有用知识和涵养修饰自己才能美丽一生。”

想要获得进步，只有不断地学习、累积、沉淀。而那些比我们优秀的人比我们更努力，我们更要抓紧时间奔跑。因为只有足够的努力，我们才能得到自己想要的一切。

就像有人说的：“女孩子，一定要好好读书，无论专科还是本科，选个好就业的专业或你喜爱的专业，将来拥有一份体面的工作。只有这样，将来你若爱上一个优秀的男孩，你可以体体面面嫁给他，他的父母会尊重你，待你如珠如宝。谁说女孩工作不重要，嫁个好老公就够了？你必须足够优秀，优秀得可以和优秀男人般配。”

况且，每一只翩翩起舞的蝴蝶，都要承受撕裂破茧的痛苦；每一颗闪闪发光的

钻石，都是经过了千百次的打磨；每一颗色泽圆润的珍珠，都是沙砾与河蚌肌肉的磨砺。

董卿是这样，其他许多通过奋斗走向成功的人也是如此。“欲戴其冠，必承其重。”不厚积，怎能薄发？没底气，怎能从容？

《中国诗词大会》第二季的冠军，是来自上海复旦大学附属中学的16岁美少女武亦姝。在比赛中淡定从容的表现，让无数人被这个姑娘“圈粉”，很多学生也因看她的比赛而被点燃了学习古诗词的兴趣。

在总决赛中，武亦姝面对的是一众强劲对手。即便如此，她还是在第一轮答题中轻松答对了全部9道题，获得了317分的高分，这也是第二届《中国诗词大会》这一环节的最高分。

之后，武亦姝又有惊无险地进入“飞花令”环节。然后与百人团的王子龙你来我往了多个回合后，武亦姝再次胜出。

最后，冲出“重围”的武亦姝站在了最终的冠亚军PK台上，等待她的是获得四次擂主席位的彭敏。在图片线索题中，武亦姝先声夺人，拿下2分。但彭敏很快就在第3题中扳回一分。

在随后的文字线索题中，彭敏率先出现失误，抢答了却没能说对答案，武亦姝3:1领先。第二个线索题武亦姝也抢答失误，彭敏又追上来一分。比赛结束，武亦姝最终以3:2胜出，成功拿到了冠军。

武亦姝从容的气度来自内心对喜爱诗词的笃定、坚持。纵使外界喧闹不已，她的内心却一直保持安宁。当一个女人静静地绽放光芒时，哪怕是身处低谷，也能由内而外地绽放美丽

用中央民族大学历史文化学院副教授蒙曼的话说，“武亦姝就是标准的‘国民闺女’，非常有才气，又非常内敛，用一句对联形容她非常准确，就是‘宠辱不惊，看庭前花开花落；去留无意，望天上云卷云舒’”。

一个有实力、从容不迫的女人，往往都有一颗安静平和的心。外界越是喧闹，她的内心会越安宁。无论是面对考试的压力还是工作的压力，她们从不慌张，因为厚重的底蕴和实力让她们无所畏惧，勇敢地追求心中的目标。这样的人因内心有底

气而从容，也因内心的从容淡定，而有底气面对人生的种种挑战和机遇。而这样的明媚女子，没有人会不喜欢。

“腹有诗书气自华”，内心的修炼离不开书籍的浸润。读《诗经》中的“执子之手，与子偕老”，可以让我们体会到生死相依的爱情；读《孟子》中的“生于忧患，死于安乐”，可以让我们砥砺前行，摒弃骄奢淫逸；读《老子》中的“天下莫柔弱于水，而攻坚强者莫之能胜”，可以让我们学会辩证看待问题，明白顺应自然，感悟本心。

3

扩充知识，多为自己积累“谈资”

所谓“工欲善其事，必先利其器”。一个胸无点墨的人，自然做不到在谈话中应对自如、侃侃而谈。我们要想和别人谈得愉快、顺畅，肚子里得有“货”。很多时候，不是我们不知道说什么，而是缺乏某方面的认知，所以才无话可说。

刚进入浙江省艺术学院读书的董卿，曾经非常不自信。在上形体课的时候，老师对她说：“你看上去挺修长的，动作怎么这么僵？”董卿害羞地低下了头。她看到同学们的动作都非常优美，而自己却连劈叉都不会。她的内心非常矛盾。

她也曾想到，自己是不是也该像同学们一样，专心练习形体。但是经过了一番深思熟虑后，她决定不能这样，自己最擅长的是文化课，还是要认真读书，别人怎么说都不重要。

终于过了半年，董卿才开始崭露头角，她不仅文化课名列前茅，形体和台词也逐渐好起来。她听从了自己的内心，最终用自己的力量换得了想要的一切，而不是在别人的评价里失去自己。

现在，董卿尽管已经取得了令人瞩目的成绩，但她并没有被突如其来的荣誉冲昏头脑。她很清醒，从不曾忘记自己今天的成就是通过怎样的努力获得的。所以，她也从没有忘记继续充电、读书。

俗话说：“腹有诗书气自华！”拥有了深厚的知识积累和高雅的涵养，自然就能提升口才水平。所以，一个人要想真正提高自己的说话能力，就必须尽可能做到读万卷书，识万般理。

比如古希腊著名演说家狄摩西尼斯，就曾亲笔抄写修西迪斯的历史著作达八次之多；著名演说家福克斯每天都高声朗诵莎士比亚的著作，就为了让自己的演讲风格更加完善；英国桂冠诗人丹尼生每天研究圣经；大文豪托尔斯泰把《新约福音》

读了一遍又一遍，最后可以长篇背诵。

由此可见，想扩展谈话内容，想让普普通通的交谈变得绘声绘色有魅力，我们就必须让自己的头脑接受书籍的熏陶。通过读书，我们可以增长知识、开阔眼界，从而丰富谈资。当我们真正做到“读书破万卷”的时候，自然就能做到“开口如有神”了。

著名主持人窦文涛曾说起过关于“读书无用论”的话题，他说：“我们那时候上大学去干什么，不是去求知识嘛，虽然也不一定在课堂上得到什么知识，但是至少学校里的气氛是学。我记得那个时候我在图书馆，捧着这么厚的《18世纪法国哲学》，也不知道为什么，是真的想求学，享受知识去的。”

窦文涛本身就是一个非常喜欢看书的人，用他自己的话说：“我看书，但我看的书跟当今社会的主旋律风马云不相及，那只是我的个人偏好。”凤凰台也有同事向媒体透露说：“生活中的文涛，与电视节目中的活跃状态不太一样，而是非常安静，比较爱看书。”

而他的朋友梁文道则这样评价窦文涛：“他是全中国最红的主持人。他专门对主持下过功夫，他很清楚主持人是靠嘴巴吃饭的。我录节目时，经常看到窦文涛在看书，听录音带，老外的幽默剧、上海周立波的表演、滑稽剧、单口相声、二人转……他把主持人当手艺活在学。”

窦文涛的经历让我们知道，他之所以有这么一副好口才，很大程度上是因为读了很多的书。当一个人拥有了深厚的知识积累和高雅的涵养，自然就能提升自己的口才水平。比如诸葛亮当年一出山后便能舌战群儒，就是因为他曾在隆中苦读十多载。

所以说，坐拥书城铸内秀。爱学习、会读书的人，才是真正有魅力的人。同时，也只有拥有学识，才可以为我们所憧憬的目标的实现奠定基石。再美丽的容颜也会随着时间的流逝渐渐衰老，而富有内涵的灵魂却永不褪色，时时刻刻散发着馨香。

4

越重要的话，越简洁

有人在朋友圈里写了这样一段话："有成就的企业家就一个标签——企业家。没有成就的形容词有很多——新锐企业家、90后企业家、美女企业家、创业教父、儒商……"真正有实力的人总是自带光芒，名头越夸张的人，实质感反而越空虚。说话也是如此，双方能够和谐交流，更多地是被一个人的能力折服，而不是被一串排比句吓倒。

俗语说得好："蛤蟆从晚叫到天亮，不会引人注意；公鸡只啼一声，人们就起身干活。"的确，会说话的人，不一定是说话最多的人，话贵在精，多说无益。而且，言语之间过于冗长累赘，不仅使人听着茫然，更会让人厌烦。与之相对的，那些说话简洁的人往往有一种特殊的气质，更易受到欢迎。

在《朗读者》中，董卿在采访嘉宾时，总能用最简洁的语言为切入点，展开双方的话题内容。比如在采访毕业于耶鲁大学的村官秦玥飞时，她用了几个简单直观的问题，就让观众对这名"耶鲁哥"有了深刻的印象。

节目一开始，董卿先问观众："今天在现场，有很多你的同龄人，不少'80后''85后'。有没有什么问题想要问秦玥飞？"

有位观众问："我想问，您当了村官之后，待遇怎么样？"董卿用最简单的话接着问："一个月多少钱？"秦玥飞回答："我刚刚去村子里的时候，工资是一个月一千零五十元。去年我又涨工资了，现在是一千七百元一个月。"

又有观众问："您是耶鲁毕业的，这么优秀，到了农村会不会大材小用呢？"

秦玥飞回答："我不觉得我是'大材'。农村这个广阔的天地，给我了一个平台，让我这样的'小材'可以有大用，所以我觉得并不是大材小用。"

董卿直接问他："当初为什么会做出这样的选择？"

"这个选择的动力其实源自于我的母亲……"秦玥飞娓娓道来。在简洁干练的

问答中，双方的话题就此展开。

要语不烦，简练有力，能使人不减兴味；相反，冗长繁复，絮语唠叨，不得要领，必令人生厌。

在中外历史上，不少演讲大师惜字如金，言简意赅，同样留下了许多珍贵的篇章，成为“善辩者寡言”的典型。

比如最短的总统就职演说，也就是1793年的华盛顿总统的演说，只用了135个字便举世闻名；列宁在马克思、恩格斯纪念碑揭幕典礼上的讲话只有552个字；罗斯福的就职演说仅有985个字；37岁的法国新总理洛朗·法比尤斯发表的演说，更是短得出奇，演讲词只有两句：“新政府的任务是国家现代化，团结法国人民。为此要求大家保持平静和表现出决心，谢谢大家。”措辞委婉、内容精辟。

这些演讲大师驾驭语言的功力都是非凡的。同时，这也就说明了简洁明快的语言在交际中举足轻重的作用。

相比之下，有些冗长的演说却显得过分唠叨，让人无法从中获得要领。比如在1912年，英美发生战争，一位议员用马拉松式的演讲来阻止通过对英宣战的决议。但直到战火烧到家门，形势迫在眉睫，这位议员仍在喋喋不休。时至半夜，听众席上鼾声四起。最后，一位议员急中生智，将一个痰盂甩到演讲者的头上，才得以终止辩论，通过了宣战决议。

正如老舍所说的：“简练就是话说得少，而意思包含得多。”尤其在我们这个讲究效率的时代，千万不要用我们的长篇大论来浪费彼此的时间，折磨别人的耳朵。直接简洁明晰地表达自己的观点，才能收到更好的效果。

1993年中国奥运申办团离京，国务委员李铁映到机场送行。当时，机翼下、舷梯旁挤满了记者，但一道隔离绳将各路记者拦在离中央领导7、8米远的地方，大家对此束手无策。为了完成这次采访，刚刚借调来中央电视台的记者水均益想出了一个主意：

当背对着水均益的李铁映向舷梯上的代表团成员招手致意时，水均益突然喊了一声：“铁映同志，您好！”铁映同志自然本能地回过头来。水均益赶忙说：“我是中央台的记者。”铁映同志点点头，冲水均益这个方向笑笑。

然后，水均益毫不犹豫地跨过前面的隔离绳，他手拿话筒，一边向铁映同志靠拢，一边向他提问："铁映同志，请问你在23日奥委会宣布的时候会看电视转播吗？"在铁映同志微笑着回答水均益的问题时，他身边的警卫也只好默许了这次采访。

就这样，水均益用简单的一句话完成了这次重要的采访。不得不说，这确实是他语言中沉稳简洁的功劳。

"言不在多，达意则灵。"的确如此，简洁明快的语言会使说话更添魅力。我们知道，许多情况下，口才好的人就好在话不多，语言简洁精炼。简则易一言道破，简则信息传递快，简则节省双方珍贵的时间。简洁是才能的姊妹，用最少的语言传达最多的内容，避免了语言冗长的沉闷。

5

话说当年，“我也累到哭过”

一位成功女性曾用一句话总结自己的经验：“你要想比别人优秀，就必须坚持每天比别人多付出半小时。”是的，勤奋努力是每个成功人士必须保持的秘诀。许多成功人士并不比别人多出什么优势，只是因为这些人比别人更加刻苦，即便累到哭也不放弃。

2017年5月，人民网文艺星青年对董卿进行了一次专访。在专访那天，记者不到13:00就到达采访间，等董卿结束《朗读者》的研讨会后就可以直接进行专访。没想到，研讨会严重超时，结束时已经到了晚上8:00。记者的心里有些打鼓，担心这次专访要泡汤了。

但董卿送完嘉宾，稍作休整后，还是如约赶到采访间。当时，因为董卿对《朗读者》节目的事无巨细、亲力亲为，她的面容有些疲倦，但一面对镜头，马上又浮现出观众所熟悉的笑容，就像她之前所说的：“永远把最好的状态留给观众。”

专访期间，记者问董卿：“作为制作人兼主持人，当初您坚持做这档节目的初心是什么？”

她回答道：“我也摇摆过，也动摇过，也累到哭过，或者急到吼过，只是大家没有看到我的这一面而已。我也有很不堪的那种状态，我没有放弃，是多少觉得自己还有一份责任。”

生活中，谁都难免会遇到一些辛苦的事。有人怕吃苦而退缩，也有人勇往直前，不一样的选择必然会造就不一样的人生之旅。做人、做事是这样，口才也是如此。

要知道，口才并不是一种天赋的才能，它同样是靠刻苦训练得来的。看看古今中外历史上一切口若悬河、能言善辩的演讲家、雄辩家，几乎没有谁的口才是天生的。

比如基辛格、爱默生等著名哈佛毕业生的演讲，都曾以失败告终，那么他们为何又能在自己曾经薄弱的环节获得惊人的成就呢？如果我们了解他们的历史和生活就可以发现，他们的方法很简单，就是勤奋刻苦地练习。

这些名人为我们训练口才树立了光荣的榜样，旨在告诉我们，要想练就一副过硬的口才，就必须像他们那样，一丝不苟、刻苦训练。就像华罗庚先生在总结练“口才”的体会时所说的：“勤能补拙是良训，一分辛苦一分才。”

狄里斯是西欧著名的雄辩家，他的事例甚至被写入哈佛大学的口才学教科书里。但狄里斯的雄辩并不是天生的才能，而是经过他后天的勤奋刻苦训练出来的。

狄里斯原本是一个学识渊博、思想深邃，并擅长分析时事、见识广博的人。而当时的雅典正处于政治混乱时期，狄里斯急于表达自己的政见，发挥自己的才能，就准备了一次精彩的演讲。

但是，狄里斯天生肺活量不足，呼吸短促，口齿不清，嗓音低沉，有时候旁人甚至都听不清楚他在讲什么。可想而知，这次演讲就因为听众根本无法听清楚他的言语，最后以失败告终了。

但是，狄里斯并没有就此放弃，而是选择了刻苦的训练。他每天跑到海边，对着海边的岩石伴着浪涛的声音大声呐喊。回到家后，又对着镜子观察自己的说话口型，不断练习发声，纠正自己的错误和弥补不足。

就这样，狄里斯用了几年的时间，一直坚持努力训练，终于在又一次上台演讲时，获得了雷鸣般的掌声，使得自己的思想和见解得以传播。从此，狄里斯成为了著名的雄辩家。

其实想想看，干什么不辛苦？开花尚且需要忍受撕裂之苦，萌芽也需要饱受钻泥之痛，想要做出点成绩，就必须要有一个不知苦的自己！

古语有云：“天将降大任于斯人也，必先苦其心志，劳其筋骨，饿其体肤，空乏其身，行拂乱其所为，所以动心忍性，增益其所不能。”

无论是身体的劳苦，心志的劳苦，还是生活中的大小苦楚，我们都要勇敢地去面对。只有自己去经历各种苦难，才会得到这些苦难煎熬后的祝福。人生中的“苦”就好比弹簧，你弱它就强，含泪播种的人，一定会含笑收获，吃完今天的苦，我们就能赢得明天的笑脸。

另外，练口才不仅要刻苦，还要掌握一定的方法，科学的方法可以使你事半功倍。当然，根据每个人的学识、环境、年龄等等的不同，练口才的方法也会有所差异，但只要选择最适合自己的方法，加上持之以恒的刻苦训练，那么我们就会在通向“口才家”的大道上迅速成长起来。

6

腹有诗书语自香

一个人越优秀，品位越高，气质也就越优雅，这是一种时间打不败的美丽。而优秀的人大多都爱读书，文字之于他们，不是浮华的云裳羽衣，而是实实在在的精神食粮。所以，多阅读经典的书籍，可以让我们洞察世事，甚至变得与众不同，从而造就出更美的自己。

有人曾问董卿："如果让你只带三件东西在荒岛上生存，你会带什么？"董卿回答："一是书；二是一粒种子，'在上面生根发芽，让我看到希望存在'；三是男人，'带一个爱人过去，生活中不能没有这些'。"她把书放在第一位，可见，书在董卿骨子里的分量。

董卿还说过，主持人是文人不是演员，不读书就像没有吃饱饭一样，精神上是饥饿的。"我始终相信我读过的所有书都不会白读，它总会在未来日子的某一个场合帮助我表现得更出色，读书是可以给人以力量的，它更能给人快乐。"

早在中学时期，董卿就开始三五天读一本名著。每年寒暑假，董卿的母亲都会给她开列书单，比如《红楼梦》《基督山伯爵》《简·爱》《茶花女》等国内外名著。有时董卿读书太快，心存疑虑的母亲还会抽查一下，找出名著中的某一章节，让董卿罗列其中的人物关系，而以强记为特长的她总能对答如流。

在董卿看来，正是这种教育方式让她学会用书来充实自己。因此，即便现在的工作很忙，董卿依然会抽出时间阅读。用她的话说："阅读是我睡前的必修课。"

一个人的气质和口才里，尤其是女人的气质和口才里，都藏着她读过的书和走过的路。一个爱读书的人，不管走到哪里，都是一道美丽的风景线。这个人可能貌不惊人，却有一种内在的气质：优雅的谈吐超凡脱俗，清丽的仪态无须修饰。

就像《中国诗词大会》节目中的董卿，她总是落落大方，眼角眉梢都带着盈盈

笑意，各种诗词信手拈来，还特别地应景。在这里，她化身为一个古典仕女，引领我们徜徉在浩瀚无边的诗词海洋，嗅闻浓浓幽香。

不得不说，一个人在读过足够多的好书之后，自然会变得很优秀，因为书给了他底气，使其变得温文娴雅，善解人意，充满书卷气息。

著名女作家三毛也曾说过："读书多了，容颜自然改变，许多时候，自己可能以为许多看过的书籍都成过眼烟云，不复记忆，其实它们仍是潜在气质里、在谈吐上、在胸襟的无涯，当然也可能显露在生活和文字中。"

我们如果想让自己的语言富有哲理，让自己拥有好口才，就必须多读书，先充实自己的头脑。就像作家王朔在《致女儿书》中所写的："你必须只有内心丰富，才能摆脱这些生活表面的相似。"

所以，我们要做一个娴静优雅、高贵睿智、温婉可人、富有内涵的知性女子，在生活中不断更新自我，增长自己的智慧，提升自己的品位，净化自己的心灵，丰富自己的阅历，积累自己的经验，增强自己的自信，修炼自己的魅力。这个时候，将没有人能忽视我们的美丽，只要朱唇轻启，就能自然地吸引到别人的目光。

有人说，杨绛先生在进入晚年之后，岁月的积淀赋予了她既深厚又和婉的智慧光华，就像下午四五点钟的阳光一般，虽然绚丽，却也柔美，毫不刺目。

杨绛先生从小就被父亲培养成了书痴，只要有时间看书，无论中英文书都喜欢拿起来读。有一次，父亲问她："阿季，三天不让你看书，你会怎么样？"她说："不好过。""一星期不让你看呢？"她答："一星期都白活了。"

读书，是杨绛先生最大的爱好和渴望，不但丰富了她的内心，也让她打下了深厚的中英文文学功底。

1944 年，杨绛先生一边独揽家务辅佐丈夫写作《围城》，一边创作了喜剧《弄真成假》《游戏人间》和悲剧《风絮》。当大剧作家夏衍看到这些剧作时，情不自禁地说："你们都捧钱钟书，我却要捧杨绛！"

在这期间，杨绛先生还在继续研究和翻译外国文学，而她当初自学的法文也派上了用场，一口气翻译了 47 万字的法国小说《吉尔·布拉斯》。她的翻译作品得到了著名美学家朱光潜先生的高度称赞，他激动地说，我国散文（小说）翻译"杨绛最好"！

杨绛先生原本译英、法文学，到 1959 年接受《堂吉诃德》的翻译任务时，已经 48 岁的她毅然开始自学西班牙文，两年后开始翻译。无论是她的译文，还是她说的话，都可谓字字推敲，流畅从容，宛若天成。

杨绛先生之所以能达到这种程度，与其掌握知识的多少是分不开的。腹有诗书语自香，一个人的知识面不够宽广，就算口才学得再好，说话技巧掌握得再多，也是无法说服别人的。

而当一个人读的书越多，内涵自然也会变得越来越丰富。这个时候，我们的外貌虽然不一定会越来越漂亮，却可以让我们渐渐看淡“漂亮”这件事。而当我们摆脱了外貌的限制后，才能够真正释放出那种内心的淡定和精神上的优美。

所以，我们如果想要让自己的谈吐更具有说服力，就要不断增加自己的文化底蕴。从米兰·昆德拉到村上春树，从杜拉斯到张爱玲，说起来都要如数家珍。而像时下比较流行的玄幻小说、日韩言情文，最好藏在隐蔽处。无论如何，知识面自然是越宽越好。

第九章

真正的说话高手，

是让别人没有顾虑地敞开心扉

1

让人感受到你的真诚

曾经打败过拿破仑的库图佐夫，在给叶卡捷琳娜公主的信中说："您问我靠什么魅力凝聚着社交界如云的朋友，我的回答是'真实、真情和真诚'。"其中，真诚的魅力就在于，我们在言语间透露出什么样的感情，对方就会用什么样的感情对待我们。

和他人交流时，如果我们能把真诚的言语注入行动中，把真诚的心意传递给对方，对方自然会感受到我们的诚意。如此，对方才会乐意打开心门，接受我们所说的一切，使彼此实现沟通和共鸣。

2009年，凭借着小品《不差钱》一炮而红的小沈阳，参加了当年的元宵晚会。可能是因为有些紧张，当时小沈阳有几个高音唱"跑偏"了，观众明显听出来他在拔着嗓子喊，有点破音。不过，歌曲的整体感觉还不错。

让人意外的是，小沈阳在走下舞台时居然绊了一下，让他直接从台上摔了下来，一屁股坐在地上。董卿立即上台说道："小沈阳是在逗咱们，其实他到哪表演都摔。"这句巧妙而又不失真诚的话，瞬间博得了观众的掌声，也化解了当时的尴尬氛围。

由此可见，真诚的语言，不论对说话者还是对听话者来说，都至关重要。所以说，口才的魅力，并不在于把话说得多么流畅、多么滔滔不绝，而在于是否能够真诚地表达。要知道，生活中最能赢得人心的人，不见得一定是口若悬河的人，而是那些善于表达自己真诚情感的人。

比如，当我们想要鼓励别人时，为了让我们的鼓励起到更好的效果，鼓励的话必须要真诚，至少看上去要真诚的。这样对方才更容易接受，并且有信心去面对自己错误与不足，然后改变它。

另外，《礼记·大学》中说："诚真意者，毋自欺也。"这句话的意思是指，做人要懂得真心实意而不是自欺。毕竟，每个人都喜欢和真诚正派的人交涉，这样才能让交流的双方都获得安全感和信任感。

所以，想让别人对我们动心、用心，言语中同样要有“真诚”二字。因为真诚是人与人之间相互信赖和友好交往的基石。倘若一个人很真诚，别人也必然愿意付出真心予以感激。因此，想要让别人对我们以诚相待，首先个人本身在说话上必须做到坦率与真诚。

倘若我们一味去追求言语中的华丽言辞，不注重填入真挚的感情，开出的也只能是无果之花，他人更不会重视与我们的沟通。

董倩是中央电视台《央视论坛》的主持人，曾应邀到浙江大学城市学院接受师生的访谈。

期间，董倩提起了自己6年多的记者生涯，并向大家讲述了自己对这方面的独特见解。她始终强调作为一名记者，切忌一直发言，因为记者的目的就是采访别人，让别人说，并且要学会倾听和思考，然后提问。她说：“提问要准确和真诚，要让对方觉得你和他是一伙的。”

并且，她还说起自己身为独生子女的一些经历和感受。她认为一个人如果这样想：“你不重要，谁都比你重要。”便可以尽可能地做到去尊重每一个人，用真诚去对待任何一个人。董倩说：“哪怕对方只是个毫不起眼的普通大众，也正是靠着发自内心的真诚，对方才会更重视你，采访出来的东西就会更客观、更准确。”

在接近两个小时的访谈中，董倩重复强调最多的，就是“真诚”二字。“真诚是我的看家法宝！”她这样说。

所谓：“功成理定何神速，速在推心置人腹。”白居易也曾说过：“动人心者莫先乎于情。”双方在交流时，如果能捧出一颗恳切至诚的心，又怎能不让人感动?

如果能用得体的语言表达自己的真诚，自然更容易赢得别人的信任，与对方建立起信赖的关系，对方也可能因此而更喜欢与我们说话，甚至答应我们所提出的要求。所以，那些能够打动人心的真诚话语，就好比“金口玉言，一字千金”。

而且，心理学家也认为，人际之间存在一种天生的相互互动效应，即我们如果真诚对别人，别人也以同样的方式给予回报。哪怕只是一句很平常的“谢谢”，只

要语出真诚，就可以引发人际关系的良性互动，成为交际成功的促进剂。

人和人之间的交流，说到底还是内心的相拥和思想上的碰撞，有时候太多的“套路”反而比不上一份赤诚的推心置腹。如果觉得有些话已经无法粉饰，有些事情不知道该如何开口，那么不妨就坦诚相见吧，这时候真诚就是最好的表达技巧。总而言之，真实的情感、真诚的说话，永远是打动人心的最佳诀窍，可以让别人对我们同样真诚相报。

2

诚意的表达，总有人会在乎

有专业人士说，文化类节目很不好做，没有起伏、没有“狗血”，是无法吸引观众的。但《朗读者》甚至连竞技的噱头和悬念都没有，却火了。董卿说：“我们花一年时间建了一个‘读库’，有几百个篇目，每一篇都是我们在办公室读过、筛过的，甚至有一些，叫我当场泪流。现在想起来，那些下午都挺美的。”

其实，想要打造一个观众喜欢的节目，首先要做的就是表现出自己的诚意，然后多做、再多做功课。要知道，无论我们想要表达什么，说出的话只要真心实意，总会有人在乎，因为从来没有一种真诚会被辜负。而真诚不是靠表面功夫就能撑出来的，有时候反而在不起眼的细节体现而出。就像阳光对天空笑得真诚，天空会报以彩虹；就像园丁对花儿付出的真诚，花儿会报以姹紫嫣红。而我们，只要对身边的人言语真诚，就不愁交不到朋友，换不来心。

《朗读者》首期，董卿曾两次去“人艺”拜访，最终把正在排练的濮存昕先生请来为《朗读者》打头阵。董卿也曾介绍说，每件事的成功都需要诚意。

而为了邀请翻译家许渊冲，董卿说：“邀约到老先生其实并没有那么容易，最初上门拜访许先生很高兴，而后节目一直没有推进，也就搁置了下来，导演再去敲门的时候，老先生就很不开心，觉得我们是一群有头无尾的年轻人。不过导演没有气馁，买了果篮带着诚意再登门道歉。”董卿郑重地说，“许渊冲真的是可遇不可求的嘉宾，他让大家知道我们想做成一档怎样的节目。”

说出的话只要有诚意，那么无论这件事情多么难，有多少阻碍，最终一定会以我们想要的样子呈现给你。就像创造伟大作品的人身上都具有“匠人精神”一样。所谓“匠人精神”，其实就是对工作执着、对所做的事情和生产的产品精益求精、精雕细琢的精神。

一只红漆作底，朵朵梅花的碗；一个木胎沉稳、大气雅致的花瓶；又或者是奶奶用过的首饰匣，其中都蕴藏着漆器匠人无数次打磨时手心的温度。上灰、裱布、打磨，这样的过程要重复几十次。每上一遍漆，就要存放在窨房里，在保湿中阴干。经过时间耐心而缓慢地打磨，漆器表面才会产生了古朴、圆润的光泽。通常一件漆器的制作要耗时几个月，甚至半年时间，满含诚意。

如果我们也能像匠人一样，认真且执着地对待自己所说的话，诚以待人，相信我们也会在语言的领域成为“匠人”。要知道，时间用在哪里，其实是看得见的。想拥有好口才，又怎么能不再语言上下点功夫呢？

有些人可能对此不屑一顾，说这种作风假模假样。就像一位导演说的：“细节谁会在乎，补个镜头三秒钟过去，那盏灯却花费了我们三个月的时间去制作。观众压根不知道这些东西，还浪费投资人的钱。后来想想，算了，能省则省吧。故事精彩，让观众舒服就好。”殊不知，我们的“阵地”就是这样一步步输掉的。也正是因为如此，诸多欧美大片才引领了我们的审美，甚至开始主导我们的意识形态。

说话也是如此。那些诚心诚意的表达，最终所形成的语言，能够强化对方的心理，从而让对方向我们敞开心扉。

她是一名普通的语文老师。每次上课之前，她都会为学生们读一首诗。内容古今中外无所不有，有的学生在她读诗时会悄悄地背两个英语单词，也有学生听着那些诗如痴如醉。

多年后，有学生在师生聚会上对她说:“老师，你知道吗？当初在你读诗的时候，有人在做数学题，有人在背英语单词。”

而她却淡淡一笑，说:“我当然知道，但是，也有孩子听得热血沸腾、热泪盈眶。而对我来说，只要有一个学生愿意听，我就要坚持读下去。”

大家深受感动，不少学生纷纷表示：“是啊是啊，因为老师的缘故，我们知道这个世界并不是只有李白、杜甫、白居易，还有泰戈尔、拜伦、雪莱……”

世界很大，并且如此精彩丰富，为了让学生看到这些，她用自己的诚意为学生打开了一扇门。这位老师的做法就像那个相声演员所说的：“最艰难的时候，只有一个观众，我们的小剧场依然坚持演出。”

想想看，这个世界上，有谁不愿意被人真诚以待呢？无论是以诚待人的董卿，还是那个普通的女教师，只要我们愿意付出自己的真诚，总有人会看到、听到、感受到。所以，我们要努力让别人看到自己的真诚，“用心去传递感情，要一直带着十足的诚意，不要轻易小看任何人。这样才能触动对方的内心，进而我们会得到对方的尊重和欢迎。”

3

如何听，对方才会说

听别人说话，让对方把自己的真实想法说出来，体会对方的感受，不但可以增进我们的人际关系，也可以让说话的人知道，即便自己遇到了困难和麻烦，也有人体谅和支持自己。

而听对方说话，重要的是少说多听。我们身边经常有人抱怨："没有人真正听我说话，他们只是在说自己。"因此，我们要学会聆听别人说话，用自己对别人的信任和尊重，去促使对方多说话。如此，我们才能和别人进行良性的交流和沟通。

在一期《朗读者》节目中，董卿采访了一位创作了一千多万字的小说、杂文和影视剧本的作家梁晓声。当梁晓声谈到自己的家时："它是关于贫穷、愁苦、无奈这些词汇的一种注脚。"

董卿说："像这样的词语，用它来形容自己小时候成长的环境，可见当时的家真的是没有给您留下太多美好的回忆。"梁晓声点头，并开始讲述当初自己的家。

董卿一边听，一边用眼神表示"原来是这样""真不可思议"这样的意思。也许是董卿的这种倾听方式给了嘉宾鼓舞，梁晓声也越讲越多，甚至说起自己小时候的逃学经历。

最成功的处世高手，通常也是最佳的倾听者。所以，善于倾听是人际交往中的一种重要手段，它看似是一种静止的状态，实际上却蕴含着丰富的信息，就像乐谱上的休止符，运用得当，则含义无穷，真正可以达到"无声胜有声"的效果。

比如在小说《傲慢与偏见》中，丽萃在一次茶会上专注地听着一位刚刚从非洲旅行回来的男士讲非洲的所见所闻，几乎没有说什么话。但在分别时，那位绅士却对别人说，丽萃是个多么善言谈的姑娘。

看，这就是听别人说话带来的效果，它能让我们更快地交到朋友。并且，在倾

听的同时，其实也是一种充实自己的过程。所以，倾听的时候必须要有“爱与接纳”的态度，抛开自我意识，除去心中的偏见或成见，以“同情心”体会讲话者的心情、用词、表情，这样才能抓住对方内心深处的难题。

电影《邪医孟福德》中，一个并没有受过专业训练的年轻人放弃了在城市的工作，来到一个叫孟福德的小镇，做起了心理医生的工作。事实上，他并不是一个真正的心理咨询师，甚至不是孟福德，但为什么他却能成为小镇上最受欢迎的心理咨询师呢？

对此，孟福德说：“我只管听，装着有方法，观察和细心倾听每个人，试图捕捉每一个人的秘密。”而这，就是孟福德治疗方法的自我总结。

原来，在他假装成心理咨询师之前，就已经有好多好多的人会主动找他聊天，向他倾诉他们的秘密。他巧妙地把自己认真倾听的天赋，运用到心理咨询这个工作中去，正是用心倾听、细心观察成就了他的心理咨询事业。

生活中，只要我们能够倾下身子，全神贯注地听，说话的人就会倾其所有，知无不言，言无不尽了。具体我们该怎么做呢？

首先，我们要对别人所说的话表现出兴趣，这样对方才能感觉到被尊重，觉得自己是重要的。

其次，要给对方留出时间。比如当一个人获得成功或喜悦的时候，他们很想与我们分享自己的好消息或愉快的心情；当一个人的内心正经历着恐慌、创伤、失望时，他们也希望获得我们温情的安慰。所以，我们与别人交谈的时候，要学会留一点时间给对方，不要让对方觉得我们因为急着去做其他事情，所以没工夫听他们说话。简单来说，就是要给对方倾诉表达的机会。

第三，别人说话的时候，我们一定要集中注意力。尤其是当我们与他人正在交流一件较为严肃的事情时，最好选择一个合适的时间和地点，这样更便于我们做到认真听对方说话。而在这个时候，我们也不要去想其他事情，只关心和对方的交流，哪怕只是短短几分钟，只要认真倾听了，同样能收到良好的沟通效果。

第四，我们要耐心鼓励对方说话。比如在倾听的过程中，我们要学会善用一些带有鼓励的词，像“真好”“不错”“你说得太对了”等，也可以适当地提一些问

题引导对方。当然，我们要注意不能随便打断对方的话，让对方尽情地把想说的话都说出来。

总之，我们在听别人说话的时候，只要肯花时间、有耐性，做个有修养的听众，用心去听对方的心声，用心走进对方的世界，积极去发现对方语言中所表达出来的信息，对方就会乐意向我们开口，对我们说话。

保持疑问，而不是质疑

对方抽一支烟，当我们发现他在熄火时有某种习惯的时候，我们问一句："你熄火的动作很有趣，怎么轻轻一弹就熄了？"看到对方在咖啡里加了两勺砂糖，我们也可以问："对不起，你为什么非要放两勺砂糖……"

通常情况下，面对这样的疑问，人们都会热心地回答，甚至开始滔滔不绝。但如果我们用质疑的态度询问别人，比如"你为什么要这样做？""你凭什么要这样做？"谈话将很难继续下去。因此，在某些场合中适时地提出自己的疑问，是让彼此的谈话继续下去的方法。

在董卿主持的访谈节目中，她一般都会用疑问的语气向对方提问。比如在《朗读者》中，她在采访热爱汉字的理查德·西尔斯时，先是带着疑问问对方："您在中国生活有多久了？"

西尔斯回答："一共有11年。在大陆有6年，之前在台湾待过近6年。"当听到西尔斯说自己曾分析了4万多个繁体字，以及分析了《说文解字》中所有的标音符号跟表意符号，以及繁体字和简体字的演变后，董卿由衷地赞叹，并问："您在美国学习的时候，大学学的专业是什么？"

就这样，董卿带着一个个疑问，打开了西尔斯先生的话匣子，让双方的话题顺利进行了下去。

在日常交流中，"疑问"和"质疑"是存在根本区别的。质疑是我们质问要找出什么，而疑问仅表示自己还有未解的地方。一般情况下，当我们有疑问时，大多代表着我们愿意相信对方。觉得对方能给我们一个合理的解释，而不是准备让对方难堪，甚至是出丑。

但当我们对别人的言辞表示不解，甚至持有反对意见时，如果我们像一个评论

家一样，用质问的语气去重复对方的观点，肯定会引起对方的不快，甚至导致话题中断。为了避免这种情况，因势利导地提问让对方说出答案，可能会比我们直接向对方讲述道理的效果要好得多。

主持人杨澜在采访余秋雨教授时，曾谈到媒体与小道消息的话题。

当时，余秋雨说：“在社会发展的过程中，总会经历这么一个阶段。过去传媒过于刻板，现在言路开放，多种能量释放，各种民间行为不可能再整齐地走‘一二一’的步伐，这在整体上不是坏事。我们应该以幽默的态度来看待这种纷乱现象，然后一起努力，尽快集中体现我们的文化环境从无序走向有序。”

对此，杨澜表示：“这一点我可能不同意你的看法。我觉得这种无序会延续很长时间，不能快速走向有序。你看无论是美国还是中国香港、台湾，这种不真实的‘小道消息’在传媒上也大量存在，我们恐怕只能适应它们，不能期望它们有朝一日会改观吧？”

然后余秋雨说：“我们的有序不是指小道消息的消失。海外和港台报刊上的小道消息、艺人逸事、无聊调侃确实很多，但它们固守着一个本位：无聊就是无聊，庸俗就是庸俗，并不怎么装扮，更不会慷慨激昂地提高到关及民族命运、文化前途的道德评判上来。这也是一种‘序’。”

由此可以看出，当我们面对自己不认同的观点时，我们完全可以利用一些提问来达到延续话题的效果。

为了挖掘出别人内心更多的需求和想法，或者是为了让双方的谈话变得更加丰富，我们最常用到的就是提问。当对方的发言冗长，并且不得要领、离话题太远的时候，我们也可以借对方的停顿、间歇时提问。

比如，当对方停顿时，我们就可以借机提问：“您刚才的意思是？”“这些问题我们以后再谈，请谈谈您的主要观点好吗？”简单地表示自己的疑问，就可以让对方回到话题中来。

另外，在表示疑问的过程中，我们还需要注意几个方面：首先，要避免提出那些会阻碍双方让步的问题；其次，不要提问一些带有敌意，或者有关对方个人生活隐私的问题；再次，不要提直接指责对方品质和信誉方面的问题；最后，万万不可为了表现自己而特意向别人提出疑问。

同时，我们表达疑问的态度要诚恳，所提出的疑问也要尽量简短一些。提出自己的疑问后，我们只需要专心等待对方做出回答即可，不要强行追问。

总而言之，我们若想构建一个良好的交流环境，那在问题出现的时候，最好多些疑问，少些质疑。

5

好的问题，会让对方打开话匣子

有人可能会认为，一味让对方开口，让对方表达观点，自己不就丧失了对问题的主动权了吗？到时候说不定自己反而会被对方说服了。其实，这种想法过于片面了。我们之所以要鼓励对方先说话、多说话，目的在于分析对方所说的信息，从而找到一针见血的切入点，然后直击要害。所以，只要我们精于提问，往往就会有收获。

在《朗读者》第二期中，节目邀请了一位野生动物饲养员来朗读。站在舞台中央的董卿，亲切地与从观众席上走上来的饲养员大哥握手。然后，董卿开场就从大哥的擅长环节开聊：问其最喜欢的野生动物是哪一种。本来话题应该从此打开，但饲养员大哥似乎有些紧张，导致回答问题的时候会有一些表情僵硬，出现面部抽搐的动作。

为了能让对方畅所欲言，董卿找话题引到大哥或许是不善言表，并向观众解释大哥谈吐不自然的原因，甚至还幽默地说大哥有时间可以稍微进行自我的微调。

接着董卿急中生智，问了一句饲养员大哥："觉得自己像什么动物？"把话语权转给对方后，又提了一些对方擅长的问题，比如介绍动物等。等大哥的情绪稍微缓和后，她又把问题带回到主话题：大哥对自己喜欢的动物有什么感人的事。

就这样，董卿完美地把握住了对方的情绪，并游刃有余地对被访谈者提问，打开了大哥的话匣子。

在访谈类节目中，主持人往往能够根据谈话中的内容灵活选择切入点，提出一个新的，而且能够引起嘉宾共鸣的话题，让对方侃侃而谈。然后，主持人就能从对方的语言中找到更多的资料，能够选择新的切入点，从而让整个节目进入良性循环，成功地进行下去。

这种引导谈话的方法，实际上就是在鼓励对方多说话。当然，这种鼓励也不是盲目的，需要我们找准谈话者普遍关注的热点、难点问题。只要涉及双方利益的问题或者双方都关注的问题，才会引起对方的兴趣。

在倪萍主持的公益寻人栏目《等着我》中，倪萍坐在演播室的沙发上，往往只以一句“有请”开场，然后任寻人者讲述自己的故事。倪萍会提出一些引导提问，但基本不会打断对方说话。

“很多人一辈子没有对人说过的创伤，甚至自己都没意识到是创伤的创伤，对倪老师就很自然地说出来了。”节目评论员张春蔚说。这不只是因为倪萍曾是家喻户晓的名人，更因为她像自家人一样招呼他们：“姐姐来坐我旁边。”“孩子你今天是来找谁的？”有人多年苦撑都没有哭，一见倪萍，听到这样的一声提问，就像得到释放般哭了起来。

更重要的是，倪萍有丰富的生活经验，或者说，中国经验。她能快速捕捉到一句话中隐藏的一些现实背景，也能洞察到对方没说出口的地方包含了怎样的创伤。比如有个姐姐来寻找36年前走失的弟弟，说到别人都认为是她把弟弟弄丢的，倪萍马上问：“妈妈也是这么认为的吗？”

姐姐哭了：“妈妈没有这么说过，但我觉得她心里就是这么想的。”

在话题主导方面，一定要让对方“有话可说”，寻找到恰当的谈话空间，尤其要注意让对方能够与你产生共鸣，这样才能谈得上交流。

这里我们需要注意一点，当我们从对方的语言中获得一些信息是，最好不要即时性地反馈出我们对这件事的态度和想法。因为我们收到的信息往往是片面的，我们没办法设身处地地了解对方当时的心理、情绪。

所以，我们首先要做的是“倾听”，认真听对方说话，感受他当时的心情，以及他对这件事情的立场方向。

比如有人跟我们说：“上个月我和我的好友吵架，他把我的游戏装备都输光了，我当时可能比较激动，和他大吵一架。”从中我们可以看出，说话的人对吵架这件事是比较懊悔的，这是对方对这件事的立场。但在这个时候，我们最好不要说什么“其实你不用对这件事情太在意，既然你和他是朋友……”或者说什么“如果你当

时……”“其实你可以……”

事实上，这个时候我们只需要点头，表示自己正在倾听或者表示赞同即可，最好不要急于得出某种结论，更不要打断对方说话。将对方的话进行横向展开，多提问：“怎么会这样？”“这使你难过吗？”“最近没有发生其他烦心事了吗？”去了解对方近期的情绪状态是怎样的，才能让对方打开话匣子。

6

不轻易打断别人

聆听对方说话时，我们必须做出恰到好处的回应，才能逐步激发对方说话的兴趣。但我们在回应对方时却应该注意，不要轻易去打断别人。因为不合时机的回应或者插话，只会令愉快的对话中途而止，扫了彼此的兴致。

作为一名主持人，舞台上的董卿非常善于倾听别人、尊重别人。她从不随便打断别人讲话，非常有耐心。即使对方说话内容很多，或者由于情绪激动等原因，语言表达有些零散甚至混乱，董卿依旧会很耐心。也正是因为她的倾听，才能让那些面对她的选手、嘉宾，敞开心扉，说出心里话。

当我们在听他人说话时，一定要懂得把握好插话的时机。有些人可能是过分相信自己的理解和判断能力，往往不等别人把话说完就中途插嘴。这种急躁的态度，不仅很容易让对方反感，并且这种中途打断对方的行为，还有失礼貌。

所以，与别人交流时，我们一定要尽量少堵别人的话头。即使对方看上去是在对我们发脾气，也不要马上反击。先认真听对方说话，再悉心回应对方，这才是缓解对方情绪的有效方法。

一位女士在一家服装店里看上了一套衣服。她很喜欢这个款式，又担心它会掉色，就准备问一下旁边的服务员，如果这个衣服掉色的话，有没有什么处理方法。

结果她刚说了两个字，服务员便开始给女士不断地推荐，一会儿说哪些衣服是店铺刚上的新品，一会儿又说哪些衣服现在正在做活动、搞特价。直到这位女士有些气恼地说："我想问的是我手上的这件衣服，别的我不感兴趣。"正在这时，商店的老板出来了。

老板一句话也没讲，而是听女士把话讲完。当女士讲完后，老板先对她说了句

抱歉，然后建议道：“如果你是担心掉色问题的话，回去后您可以用盐水泡一下，多洗几次。如果还不行，可以再来，我们一起想别的方法。”

最后，她在商店老板的介绍下，不仅买了自己看中的这件衣服，还买了对方推荐的另外一件款式。

如果想要打断别人的话，那我们一定要把握好打断的时机，这非常重要。即使我们当时没有听懂对方说的话，或者听漏了一两句，也不要在对方说话的中途突然提出问题。而是应该等到对方把话说完后，再提出：“很抱歉！刚才中间有一两句你说的是……吗？”

如果我们的确有急事，需要打断对方的话，或者有话要和谈话中的某个人说。在打断对方谈话的同时，我们一定要诚恳地向对方表明自己“有急事”，不得不打断话题，或者请某人出来一下。

当然，如果我们并没有什么紧要的事要说，就是看到朋友、同事聊得甚欢，想要加入。那么在打断别人的话题之前，首先要听明白人家在说什么，把握对方的谈话主题，以确定自己在什么时候可以插话。如果我们说些跟他们交谈毫无关系的内容，那只会打乱别人谈话的思路，招人厌恶。

其次，我们还要注意下自己的身份。要把握好无论如何，身为打断话题的自己只是“配角”，说话的人才是“主角”。所以，多说话的应该是别人，如果没有得到对方的同意，我们最好不要说太多的话，以免喧宾夺主。

除此之外，我们还要注意一点：因为在打断别人的话时，会打扰别人的思路或破坏气氛，所以在打断前必须获得对方同意。比如我们可以先礼貌地打声招呼：“对不起，我插一句。”“请允许我说一点。”“我可以插一句吗？”这是基本的礼貌问题。不过，这样的打断也不要太多。

用积极阳光的话安慰别人

都说“人生不如意事十之八九”。但当我们需要安慰一个受到挫折、情绪沮丧的人时，不妨用积极阳光的话，说说他们身上的闪光点，会让他们暂时从失意中解脱出来，从而产生“我还没有到那个地步”“我这点挫折不算什么”的感觉，以冲淡他们的失意感，使之更加振奋。

积极阳光的话，就像黑暗中的一道曙光，给人光明，蕴含着无限的希望。可以让人们相信，无论前路多么难走，只要心中有信念，就能“绝处逢生”。

《中国诗词大会第二季》第一场中，断臂女孩张超凡来到现场。看着她，董卿这样说：“我们每一个人都不完整，只不过有些是看得见的残缺，有些是看不见的，用乐观、坚强，勇敢追求一颗完整的心灵和完整的精神世界，是值得钦佩的。”

第七场中，选手王轶隆在得知母亲癌症恶化后，当即决定离开节目，回家照看母亲。离开时，董卿祝福他说：“所谓父女母子一场，终究有一别，就让我们一起怀着倒计时的那种心态，珍惜在一起的日子。这是一个空缺，但更是一个圆满，希望王轶隆的妈妈早日康复。”

如果我们想受人欢迎，那就把消极的话变成积极的语言来表达吧。积极的语言就像阳光一样，可以温暖人的心灵，给别人的内心注入正能量。

就像有句话说：“当我们为明天穿什么鞋子而烦恼时，却看见一个没有脚的人。”生活中，很多看似无解的挫折，而当我们用最积极乐观的态度去面对时，就会发现，其实一切并没有想象中那么艰难。

而我们说出的那些积极阳光的话，很大程度上会给别人一种正面的生活态度，让对方凡事往好处想、往前方看。也会让别人知道，命运虽然给了自己悲哀，但这并不是我们的错，它也不能左右我们的人生答案。一切都会有惊喜，一切都会有转机，相信自己就是自己的奇迹。

英国著名的精神病治疗师艾琳·凯苏拉医生，曾经用她独特的语言治疗方式治愈过一个病人。当时，在艾琳·凯苏拉的病人中有一位被称之为“英国最严重的病人”查理，对方整天除了坐在椅子上之外，什么都不干。哪怕是挪动一下，甚至是抬起眼皮，都是非常难得的。

他 30 年来没说过一个可以让人理解的字，如果是以成功、失败而论的话，他可以称得上是“英国最不成功的人”，是个极端不幸、彻头彻尾的失败者。但艾琳·凯苏拉医生却让他在短短 31 天的时间里，发生了巨大的变化。他不仅能够高声朗读着书报，并且能在 90% 以上的时间里正确地回答艾琳·凯苏拉医生的问题。

艾琳·凯苏拉医生到底用了什么样的神奇方式呢？其实，她使用的强有力的神奇工具中的一部分简单的武器，就是诸如“很好，布鲁克先生”或“我喜欢你发出的这种声音”等，类似这样积极的肯定语言。

正是这种积极语言，让查理先生了解到了生活的美好，从而再度对生活充满乐趣和信心。而这个实验同时也说明了，积极的语言所能带给人的巨大力量。

一个拥有积极阳光心态的人，他说出的话也自然是充满阳光、极具感染力的。与这样的人交谈，任何人都会感到身心愉悦，心情快乐。因为从这些人的语言中，我们能够看到希望和活力，他们的语言中所传导的，正是人人为之渴望的正能量。

所以说，积极阳光的语言是非常重要的。它可以使人感到振奋，可以使肾上腺激素快速上升，给我们向上的力量，让我们处于一种积极的状态，从而更好地去面对生活。

8

高情商就是少说话

美国著名的成功学大师卡耐基曾说过这样一句话：“很多人为了让别人的意见同自己保持一致，他们往往采用了一种错误的策略：说话太多。尤其是那些推销员，他们更易犯这种不经济的毛病。其实，你不如让对方畅所欲言，因为每个人对自己的事和与己有关的问题一定比你知道得多，所以不如问他一些问题，让他给你讲述一些有关的事情。”

董卿在主持节目，尤其是访谈类节目时，并不会选择一味地发言，她喜欢用寥寥数语去引导嘉宾开口。比如在录制《朗读者》名为“那一天”的那期节目中，在采访“中国科幻第一人”刘慈欣时，董卿大多数时间都在听对方说话。

节目一开始，董卿就问刘慈欣：“2015 年 8 月 23 日，是您获得雨果奖的‘那一天’。这是你生命中最重要的一天吗？”刘慈欣回答得很全面，先是表示那并不算自己最重要的一天，然后对此做出了解释，并通过自己读过的《时间简史》来证明自己说的话。

之后，董卿又向刘慈欣询问了一些看起来简单却非常重要的问题，引导对方讲出自己的观点。而刘慈欣也根据这些问题侃侃而谈。

在访谈类节目中，主持人往往能够根据谈话中的内容灵活选择切入点，提出一个新的，观众感兴趣而且也能够引起嘉宾共鸣的话题，嘉宾会更加滔滔不绝。不得不说，这确实是一种高情商的表现。

但是，生活中却经常会有这样的人，他们总是知无不言言无不尽，每个话题都要积极发挥，以达到表现自我的目的。殊不知，有些时候我们自以为的幽默，很可能是口无遮拦；自以为的“有趣”，也许是轻率的言辞；自以为的亲和，也可能是距离感差、没有分寸。

新女性主义作家李筱懿在自己的书籍《在时光中盛开的女子》里讲了这样一件事：

刚工作的时候，很多人都问她为什么要叫“李筱懿”这么复杂的名字。为了拉近彼此的距离、表达自我，她总是绘声绘色地解释自己名字的由来，从因为小时候有个重名率很高的名字“贝贝”，讲到妈妈要给自己起个高大上的名字，再讲到自己初学这个名字时的艰难。但每次讲完自己的名字后，她总觉得不过瘾，还喜欢给别人讲讲自己妈妈的名字，并顺理成章地延续到母亲那一辈的改名经历。

但在某一天，老板把她叫到办公室聊天，竟然脱口就说出：“你是独生子女吧，原来叫李贝贝，小学四年级才改名，你妈妈有四个兄弟姐妹，你外婆是个老革命。”她觉得很惊讶，不明白老板为什么会知道这些信息。

然后老板告诉她，就因为她当初给同事讲自己的改名经历，老板就从中判断出了自己的基本状况。老板还说：“你不觉得可怕吗？一个人自己都不注意保护好个人信息，别人会更可以帮她宣传，传来传去，所有关于她的信息都会走样。你是我的秘书，我希望你表现出和职业等同的专业素养，如果话少一半，你的情商看上去至少提高 50%。”

这是她第一次意识到，自己话多到了不妥的程度。

如此看来，有时候“话太多”真的不是一件好事，甚至经过日积月累后，效果非常吓人。所以，在一些特定的情况下，我们与其多说多错，不如闭口不言。但事实却是，我们大多数人都是用两年的时间学会说话，却用了一辈子的时间也没学会闭嘴。

其实仔细想想，就会发现，我们身边很多关于自己的“传言”，都是在我们自说自话的基础上加工改造的。如果我们在最开始的时候能少说两句，不给别人递出那个“话引子”，也许就不会引爆后面的信息“炸药包”了。

所以，我们需要学会尽量减少自己的话。在说话之前，先在自己的脑子里过一遍，想想这句话里有没有含有什么特别的信息，或者对方是不是愿意听，能不能接受。如果答案是否定的，那就不要说了。

实在是想说的话，就说说中立的想法。至少让自己觉得，这句话说出口是没问题的。又或者，我们在说话的时候可以美化一下语言，换一些被接受度高一点的话，效果会好很多。

就他人最在行的事情进行提问

伏尔泰曾说过：“判断一个人凭的是他的问题，而不是他的回答。”的确，问题提得好，是一个人口才好的一个标志。而在询问的过程中，我们还要学会逐渐去了解别人关注的话题，就对方最在行的事情进行疑问，并且以此为谈话重点，很容易就能让双方的交流不断延伸下去。比如董卿，她在访谈节目中就经常采用这种方式，让选手和嘉宾侃侃而谈。

《朗读者》中，董卿在与嘉宾交流的时候，基本都会就对方最在行的事情进行提问。比如在采访航海爱好者翟墨时，董卿问的第一个问题就是：“您是从什么时候开始航海的？”

翟墨回答：“接触航海是一个偶然的机会。当时在新西兰拍纪录片的时候，我问一个老船长开船去过多少个国家？他轻描淡写地说围地球转了一圈半。我听了却很兴奋，立刻想我能不能做呢？不久，我就自己买了一艘船。”

之后，翟墨还说起自己在海上遇到的最恶劣的天气，他的脚底板受了伤，自己给自己缝脚。“其实在远程航海的时候，特别是在极限运动的时候，能活着回来，已经是最大的胜利了。”翟墨滔滔不绝地讲着自己的航海故事。

与人说话时，我们一般都是在提问中将话题继续下去的。并且，提问也是交流中获得信息的一种重要手段。而我们在提问时选择的语言，引入话题的方法等，都可能成为影响谈话质量的因素。如果我们在谈话过程中进行恰当地提问，尤其是提问对方最在行的事情，相信双方的交流会变得更加顺利。

比如，和我们谈话的对象是一名医生，而对于医学来说我们又是个门外汉。这个时候，我们就可以问：“最近天气变化得有点快，很多人都感冒了，不知道现在吃什么药可以预防呢？”

像这种贴近生活的问题，很容易就能为双方的交流撑起一个很大的空间，从药物的预防谈到生活的饮食、人身体的基本健康状况等。只要对方愿意，我们就能一直引导他说下去，而我们也会从中获得许多有用的知识。

如果我们碰到的是超市的服务员，我们也可以问对方："最近超市里有什么商品在打折？""是不是有什么优惠活动"……如果陪我们聊天的是老师，我们不妨问问对方："现在学校的情况怎么样？""有没有什么方法可以让孩子学习更好一点？"

总之，不管我们和谁说话，只要我们能找到对方最在行的事情，都比较容易让对方打开话匣子。

凤凰卫视的《风云对话》节目曾为新西兰新上任的总理约翰·基做过一期访谈。当时，主持人阮次山在最开始的时候提了这样一个问题："听说您的手臂摔伤了，现在好些了吗？"

约翰·基笑着回答道："已经完全好了，我当时是在一个庆祝中国牛年新年的活动中不小心滑了一下，用手掌撑地，就骨折了。他们给我打了石膏，后来这个石膏拍卖所获得的款项都已经捐给了慈善基金会。"

"您确定已经没事了吗？"

"哈哈，没事。"一边说，约翰·基还一边做了个动作。

就这样，一个很严肃、政治性很强的访谈节目，就从阮次山一个关心对方身体健康的问题开始了。

同样的道理，我们在和别人交流的时候也要讲究技巧，提的问题也要有策略。而其中的关键，就在于我们是否善于提出对方最在行的问题。

当然，如果我们确实准备就对方最在行的事情进行提问，还需要注意以下几点原则：首先，在对他人进行提问的时候，我们的态度一定要谦恭，否则不仅会让问题变得很不合时宜，还有可能会让这次的交流变得很不愉快；其次，在这个不断询问的过程中，我们最好要保证每个问题都是自己感兴趣的；第三，我们还要确定对方愿意回答这个问题，如果是连我们自己都不愿回答的隐私性问题，最好也不要去问别人。

第十章

一颦一笑都让人如沐春风

1

丹唇未启笑先闻

《诗经》里有一句话叫“巧笑倩兮，美目盼兮”，它描绘出了女人笑容的最高境界，这也是“回眸一笑百媚生，六宫粉黛无颜色”的原因。笑容，是女人最美的表情。很多人喜欢董卿的盈盈一笑，那笑容如绿叶般清新，似红花般动人，像白雪般纯洁，若清风般飘逸，还未开口，就给人一种强烈的亲切之感。

舞台上的董卿，始终保持着端庄高雅的体态，一如既往地面带微笑，激情饱满地与选手对话。她的笑容里，充满了阳光和欢乐，如沐春风，让人在不知不觉间放下心防。

在走下台的时候，董卿的步态那般轻盈，似一缕春风，妙不可言。她的步履轻捷、娴雅，步伐略小，一直走直线，展示出了温柔、娇巧的阴柔之美。

笑容，可以说是女人的招牌，她的温柔、妩媚、性感，都可以在笑容里尽情体现！所以，一个女人的笑，很大程度上都是有特殊意义的。比如美国心理学家巴霍洛夫斯基就认为，笑是女人征服男人的最佳方式，比如羞涩的笑包含着女性深藏在心的对情人的爱；温柔的笑会让怒发冲天的男人也没了脾气；妩媚的笑能让男人不自觉拜倒在她的石榴裙下。

笑容，是观众经常在主持人欧阳夏丹的脸上看到的表情。她喜欢笑，笑起来犹如夏日朝阳。

据说，在欧阳夏丹小时候，每次考完试，总有几个成绩不理想的孩子趴在桌子上哭，急得周围的同学搜肠刮肚地想法子劝解。但她却是个例外，即便一时失手，大家在她脸上却看不到一丝难过和失落，总是报以大家一个大大的笑容。

几个要好的女同学私下里问过她：“你考试成绩不好的时候不伤心啊？怎么就

没看见你哭过鼻子呢？”她脸上仍旧挂着蜜一般的笑容：“谁也不能时时刻刻都出类拔萃，只要我尽力做到了最好的自己，那就够了。全力以赴地付出过，剩下的就是乐观地面对生活。”

在她 16 岁那年，她身患重病的父亲去世，家里的生活一度拮据到了极点，有时甚至一天只能用一个面包勉强充饥。即便如此，擦干眼泪的她仍旧能够面带笑容地生活下去，并且在学业上取得骄人的成绩。

真正美丽的笑容是发自认内心的。尤其是女人微笑的时候，牙齿微露，朱唇轻启，嘴角向上微微弯翘，同时带动着面部肌肉完全舒展开来。所以才有人说，微笑是女人脸上永恒的化妆品。

当然，有些人错误地认为，减少微笑和面部肌肉的活动，就能减少皱纹的产生，为此每天绷着脸，喜怒不形于色。其实，这是一种完全错误的认知。要知道，随着年龄的增长，出现皱纹是必然的，但呆板的表情现在就会让我们显得苍老、干瘪、没有活力。

相对的，如果女人的面部表情生动活泼，即使眼睛下面有了笑纹，但看上去仍然是个快乐而讨人喜欢的女子。

正因为如此，一个带有真诚笑容的女人，身边才会有很多朋友，很多希望。因为真诚的笑容是她善意的信使，可以照亮身边所有看到她的人。

俗话说：“笑一笑，十年少。”笑容是世间最美丽、最绚烂的花朵，更是一种愉悦身心的健康之道。况且，只有我们时刻保持温暖的脸部表情，才能温暖人的心，让别人对我们敞开心扉，侃侃而谈。

尤其是爱美的女子，更应该让自己的笑容之花绽放。请相信，一丝微笑的美容效果，绝对不亚于任何一瓶昂贵的面霜，还有利于人与人之间的和谐发展！

2

你有观察过董卿的坐姿吗

作为一名优秀的主持人，不仅仅需要有良好的口才，在坐姿方面，同样要对自己有很高的要求。这样，我们才能给别人一种美的享受。

有人可能觉得，不过是个坐姿，怎么坐不是坐，何必那么麻烦？事实上，坐，作为一种举止，同样有着美与丑、优雅和粗俗之分。就像人们常说的“坐如钟”，顾名思义，就是指人的坐姿要像钟一样端直，给人端庄大方之感。

董卿的体态和表情，虽不敢说每一帧都毫无瑕疵，但她的一举一动，都让人感觉自然而舒适。

看《朗读者》的时候，如果观察过董卿的坐姿就会发现：她总是双手自然交叠，放在并拢的双腿上，脊背挺直，只坐椅子的二分之一到三分之二。与嘉宾交谈时，在不改变坐姿的情况下，会将自己的目光集中在嘉宾脸上，表情专注，上身微微前倾。

而她的这种姿势，不仅姿态优美，更容易给人一种被重视的感觉，里面蕴含着一股尊重别人的修养。

都说，喜欢一个人，都是“始于颜值，陷于才华，忠于人品”。在这个“以貌取人”的社会中，从某种角度来说，这其实是很公平的。毕竟我们对别人的第一印象，看的就是外貌举止。一个外貌整齐、举止得体的人，难道有谁会不喜欢？

而在我们的言行举止中，很多人都会忽视自己的坐姿，怎么舒服怎么来。殊不知，坐姿很重要，因为不经意的坐态会暴露我们的内心。

而且，坐姿和站姿不同的是，站姿是将重心落在脚的前部，而坐姿是将重心落在臀部。这时，我们的头部、肩部、胸部、腰背部，需要跟站姿一样，都是抬头挺胸，肩膀要放松下沉，腰背自然挺直。

但坐姿也有需要注意的问题。比如在前面有桌子的情况下，我们的手臂需要自

然平放在桌上，不要光用手臂的力量来支撑身体，而是用腰背部来支撑身体。而臀部，则应该坐在椅子的前三分之一的位子，不要坐满，把身体的重心落在臀部上，这样会给人一种“很稳”的感觉。

精心裁剪的正装、精致的妆容、端正的坐姿……是我们眼中看到的杨澜。在她多年的职业生涯中，优雅与美丽始终与其紧密相关。

她曾分享过这样一个故事：年轻时她在国外找工作，第一次因为穿便装，而被面试官以形象和能力不符为由拒绝了。后来，一位精致的英国老太太委婉地告诉她洗手间的方位，透过镜子，看着里面邋遢、没有精神的样子，她第一次感到自己不被尊重是应该的。等到第二次面试时，她衣着得体，然后顺利地通过了面试。

后来她告诉别人，从一个人的穿着打扮，可以看这个人是否爱干净，而从一个人的站姿、坐姿，则可以看出他的家教，从一个人的谈吐，能够看他的性格脾气等等。这也是为什么有些人只有一面之缘，别人从第一眼就能看出你是个什么样的人。因为在衣着打扮、举手投足之间，这个人就尽显无疑了。

杨澜的优雅精致，我们一直都看在眼里，而她的亲身经历也告诉我们：没有人有义务透过你邋遢的外表，去发现你优秀的内在。所以，我们必须严格要求自己的举止，哪怕只是个简单的坐姿。

前面我们已经说过坐姿的一些基本要求，这里我们更需要注意的，是一些细节的地方。比如落座后双膝要靠拢，不要分开，特别是不要跷二郎腿，更不要做随意地抖动双腿等不雅观的动作。否则会给人一种很不认真、很不端庄、没修养的感觉，让我们的印象分大打折扣，对方心里自然就不愿意和我们交流了。

所以，为了给对方一个好印象，让彼此的交流顺利进行，我们确实有必要规范一下自己的坐姿。比如在入座时，我们最好走到座位前，右脚向后撤半步，上身保持正直轻稳地坐下。如果穿着裙子，那在入座时还要将裙子的下摆稍微收拢一下。坐下后，最好两腿并拢，两脚靠紧，小腿垂直于地面，如果没有桌子，就直接两手相握放在大腿上。然后让自己的上身自然挺直，背部成一平面，身体重心垂直向下。

另外，我们还需注意一下，有些女子坐在车里或者客厅、办公室等地方时，脚经常会做出交叠的动作。事实上，这样的动作很容易会被视为骄傲的人，有损对方对我们的印象。

总而言之，我们在日常生活中要注意的细节还有很多。除了坐姿之外，衣着、发型、一言一行都会影响到我们在别人眼里的形象。正所谓“细节决定成败”，把自己最优秀的一面展现在别人面前，不仅是对自己的一种负责，更是对对方的尊重。用良好的姿态面向对方，不仅塑造了自身的形象，更有利于双方的交流。

3

采访或倾听时，永远神情专注

专注的神情，完美的侧脸，美丽已经不再是一个形容词，而是一种气场的代名词。每一句蕴含深意的台词，每一次谈吐从容的主持，是她对职业的尊重。董卿，一直在用一种态度去诠释对梦想的热爱。

在所有的付出中，董卿拥有了一个最重要的品质——专注。尤其是在采访或倾听时，她专注的眼神似乎可以让人忘记一切。

因此，在董卿主持的节目中，我们经常能看到她非常专注地倾听嘉宾的发言。正因为如此，嘉宾在感受到尊重的同时，愿意把她视为朋友，说话也自然大方起来。

所谓专注，是我们对于自己所做的这份工作的投入度。很多成功人士之所以取得成绩，就是因为他们对这件事着迷了，甚至已经达到了走火入魔的地步。正是因为如此，这些人才会取得别人难以企及的成功。

就像著名影星周星驰所说的："我相信要做好一件事情，专注和投入是首要条件。就像我，我喜欢演戏，就全力投入，我相信穷尽我一生的精力和时间，一定可以把演戏这事做好。"

而周星驰从一个被骂"好像一条狗"的小龙套，走到有34亿票房奇迹的"喜剧之王"，其实就是一个在岗位上创业的过程。他热爱自己的工作，因此全身心地投入工作，到最后建立了自己的事业。

如果我们对一件事能专注一些，那即使不成功，最起码也会对得起光阴岁月。就像匠人一样，用一颗匠心去做事、去生活。如此，世界再嘈杂，我们的心都是安静的。因为我们可以专注于自己的作品，对其精雕细琢，做到极致，以一种细腻优雅的方式生活着。

而且，一个人是否专注，是可以从面部表情上呈现出来的。所谓"面部表情是

写在脸上的心”，就像一个人的脸上泛着红晕，一般都是羞涩或激动的表示；脸色发青发白是生气、愤怒或受了惊吓而异常紧张的表示。因此，当我们以一种专注的态度与人交谈时，对方肯定能从蛛丝马迹中感觉到。

1912年，富兰克林·罗斯福从非洲回到美国参加新一轮的总统竞选。当时的他已经是一位有名的律师，而且还是已故美国总统西奥多·罗斯福的堂弟，所以很有名望。

在一次宴会上，尽管大家都知道他的名号，但大家在罗斯福眼里却是陌生的。罗斯福看得出来，人们在面对他的时候，表情有点冷漠。但罗斯福并没有受这些影响，而是表现出友好与热情。他悄声问身边的陆思瓦特博士：“陆思瓦特博士，请你把坐在对面的那些客人的大致情况告诉我，好吗？”经过简单的了解后，罗斯福想到了一个引起对方好感的办法。

罗斯福站起身来，用友好的姿态和专注的表情向对面宾客示好，并简洁直白地在他们面前做自我介绍，然后向宾客提出一些问题，并认真倾听他们的回答。就这样，罗斯福只用几分钟的时间就引起了大家的兴趣，然后在不知不觉中，便成了他们的新朋友。

在理查三世时期，著名建筑师黑斯廷斯曾宣扬说：“我认为在信奉基督教的国家里，从来就没有一个人能将他的爱和恨隐藏于心底，因为只要你透过他的面部表情就能够了解他的内心世界。”有时候，人的面部可以表现出不计其数的复杂而又十分微妙的表情，并且表情的变化十分迅速、敏捷和细致。

所以，我们在与他人交流时，对方很容易就能从我们的脸上得到真实、准确的信息。正因为如此，我们才更应该注意，避免因为面部表情的失误，而造成彼此之间的误会。

况且，我们每个人都十分希望与一个面带微笑、交谈时神情专注的人交谈，这会让人们觉得自己被尊重、重视着。相对的，如果我们的眼神漂浮不定，那么别人就会觉得我们对他没有诚意；如果我们郁郁寡欢，别人又会猜测我们的心情是不是不好，从而选择避开。因此，在人际交往中，我们一定要注意自己的表情，尤其是在与他人交谈的时候，表现出友善与真诚的表情非常重要。

总之，在实际交往中，除了我们自己要学会利用丰富的表情来带动现场气氛之外，还要懂得利用察言观色来洞察对方的心理，从对方的表情、面相、打扮、动作以及看似不经意的行为中，通过敏锐细致地观察，在第一时间了解对方的内心世界，从而随机应变，做出正确的回应。

4

丰富的阅历为话题增色

《红楼梦》中有副对联："世事洞明皆学问，人情练达即文章。"如果把它放在说话中，指的就是丰富的人生阅历，是让我们的话题增色的根由。与人交流时，由自身体验得出的话题总是极具魅力，而且取之不尽、用之不竭。所以，想要积累自己的话题，我们就要不断地拓展视野，增长见识，并丰富自己的生活经历。

董卿虽然不是最漂亮的主持人，却可能是最有气质、最会找话题的主持人。而她的气质和话题，主要来源于人生的阅历，来源于生活的感悟，更来源于她孜孜不倦的学习。

很多人都知道，董卿毕业于上海戏剧学院，父母都是毕业于复旦大学的知识分子。董卿从小就很喜欢文艺活动，有时候为了去参加课余的各项文艺活动，甚至会对父母撒谎自己要去补课。

长大后的董卿，先后在浙江卫视、上海卫视、中央电视台做主持工作。但不管她在哪里，总能绽放自己的光彩。比如在上海卫视主持《相约星期六》时，她已经小有名气，等到了中央电视台的大舞台上，她更是大放异彩。尤其是从2005年起，她连续8年被评为央视年度"名、优播音员主持人"。

但是，董卿的成功并不是偶然的，她在主持节目时说出的话题也不是与生俱来的。而是在浙江卫视、上海卫视、中央电视台的主持经历，让她有了更加丰富的人生阅历，使她变得更加成熟，让她的话题增色不少。

一个真正有阅历的人，经历足够多的人，在发生一些事情的时候，才会下意识地去思考，然后通过长时间的积累，再对一些事物做出由浅入深、由表及里的见解和认识。经历得多了，阅历就会越丰富，想要表达出来的见解自然也就会越独特。

而且，当一个人就某个话题表述自己的看法时，往往都会先在自己已有的人生

阅历的材料储备中，去寻找和发现可供选用的内容，并把它编入话题中。因为我们亲身经历过的事情，往往会产生最真切、具体、详实的感受，表述的时候才会显得更加生动、形象、感人。

比如莎士比亚的著名悲剧《奥赛罗》中，主人公奥赛罗之所以能获得苔丝狄蒙娜的爱情，很大程度上是因为他动情地向对方讲述了自己的人生经历。

由此可见，我们个人的阅历，确实具有非常强烈的感染力。所以，我们在寻找话题的时候，不妨多从自己的阅历入手，讲一讲自己的旅途见闻、有趣经历、难忘的奇遇等，相信与我们交谈的人会很感兴趣。

刘莎是个聊天高手，无论在什么地方，只要情况允许，她都能滔滔不绝地讲个不停，而听她说话的人也非常愿意当忠实的听众，津津有味地听她说话。之所以如此，就因为刘莎有着非常丰富且有趣的经历。

刘莎很喜欢旅游，只要有时间就会背上行囊四处游玩，她的足迹可谓遍及大江南北。正因为如此，她有了非常丰富的旅游经历和话题。从北京的八达岭讲到南京的中山陵，从黄山讲到泰山再到庐山。

所以，只要刘莎在，交流的氛围一般都会非常热烈。大家也非常喜欢听她讲旅途见闻，就像自己也去了一样。

不得不说，旅游确实是一种丰富人生阅历的好方法。除此之外，我们还可以通过参加社会活动，让自己的经历变得更加精彩。比如参加社区的征文比赛、参加公司的运动会，或者利用业余时间去参观博物馆、看话剧等，让人生阅历逐渐丰富起来。这样，我们在和别人聊天的时候，就会有数不尽的话题了。

而且，我们的个人阅历越丰富，话题就会积累得越多，聊天时出现冷场的可能性就越小。如此，当我们在生活中遇到各个行业、各个阶层的人时，就能与每个人侃侃而谈了。

5

内涵深厚才能妙语连珠

口才的好坏除了与说话的技巧有关之外，更与自身掌握知识的多少有着密切关系。所谓“腹有诗书气自华”，说的就是这个意思。如果一个人的知识面不够宽广，就算他的口才学得再好，技巧掌握得再多，也是无法说服别人的。

而且，那种不学无术的油腔滑调、油嘴滑舌根本算不上好口才；那种不着边际、没有什么实际意义的夸夸其谈，也不是好口才。只有那种以丰富的知识为坚强的后盾，能够给人以力量、愉悦之感的语言，才是真正的好口才。

在《中国诗词大会》播出后，很多人都表示，“这个主持了13年春晚的央视超级熟脸，从来没有像在《中国诗词大会》的舞台上这么可爱。”

而在这个节目中，董卿除了在主持风格上给予了观众莫大的惊喜外，不少人还诧异于她的文化内涵。甚至有很多观众都发出“没想到她的文化底蕴如此深厚”这样的感叹。

比如在节目第八场比赛中，百人团里有一位选手的父亲是盲人，从小父亲就用口口相传的方式教他诗词，而父亲自己也一直保持着阅读盲文书的习惯。

董卿由此便想到了阿根廷著名作家博尔赫斯的经历，接着便随口念出了他的一首诗：“上天给了我浩瀚的书海，和一双看不见的眼睛，即便如此，我依然暗暗设想，天堂应该是图书馆的模样。”

而在第八期擂主争霸赛的结尾，当攻擂者遗憾离场时，董卿脱口为攻擂者吟了一句陆游的诗：“双鬓多年作雪，寸心至死如丹。”

节目中，董卿不仅能信手拈来各种诗词，她的语言表达能力，尤其是点评及总结能力也令人钦佩。而这一切，都是依赖极其扎实的知识储备才能做到的。

有些人总是抱怨自己天生没有好的口才，所以和别人在一起时才会无话可说。

其实，这种想法是非常片面的。要知道，我们的口才并不是天生的，或者说只要胆子足够大就可以的，而是要有足够的底蕴作为基础的。

苏秦的故事很多人都知道，他是我国战国时期一位有名的纵横家。所谓纵横家，就是当时依靠自己的口才来为各国君主出谋划策的人。换句话说，就是一些依靠嘴皮子吃饭的人，而苏秦，正是其中一位杰出的代表。

但是，苏秦也不是一开始就成功的。最初，他是鬼谷子的学生，从老师那里学成出师之后，曾先后去游说过周王、秦王，但都失败了。为此，他受到了亲朋好友，甚至包括父母的冷遇。

为了改变这种现状，他开始发愤图强，刻苦攻读。“头悬梁，锥刺股”中“锥刺骨”的主人公说的就是他。

经过这一番刻苦的钻研后，苏秦的学识终于又上了一个新的高度。于是，他再次出发，以自己苦心钻研出来的“合纵之道”游说各国君主，并获得了巨大的成功。最后，他身佩六国相印，以三寸不烂之舌抵挡百万雄兵，可真是“前无古人，后无来者”。

由此我们可以看出，想要拥有好的口才，是需要建立在深厚的学识基础之上的。当我们拥有了深厚的知识积累和高雅的涵养之后，口才水平自然就能获得提升。但如果我们脱离了这个根本，那么口才就会成为“无源之水，无本之木”，不会具备半点说服力。

所以，想要拥有好口才，我们首先就要丰富自己的内涵，提高自己的学识修养。只有这样，我们才能说出准确、缜密的语言，并达到妙趣横生、倾倒众人的目的。那么，我们具体该从哪些方面去丰富自己的内涵呢？

首先，我们需要加强对知识的积累。因为渊博的知识和睿智的头脑，都来源于平时一点一滴的学习和积累。因此，我们要尽可能做到读万卷书，识万般理。

其次，我们要时刻关注生活，加强对生活的积累，这对我们获得好口才同样很重要。因此，我们的日常生活中要学会用心去观察身边人和事，认真去感受生活的脉搏，去体味生活中的酸甜苦辣，不断为自己的口语表达寻找素材。

最后，我们要学会把握时代的脉搏。毕竟随着社会的不断发展，我们所生活的社会也在发生着日新月异的变化，如果我们不能跟紧时代的潮流，肯定会被时代远远地抛在后面。而一个落后于时代的人，自然不会有什么好的谈资。

总而言之，想要提高自己的内涵，我们需要从多方面进行努力。平时多吸取知识、多关注生活、多关注时事，这些内容会帮助我们滔滔不绝地和别人交谈，为我们的口才奠定良好的基础。

6

短句让语言更具说服力

所谓短句，其实就是不包含定状补的修辞成分，只留下主谓宾，甚至只含有谓语的句子。比如“我喜欢慢慢地吃热腾腾的包子”，换成短句就是“我喜欢吃包子”。所以说，语言中的短句，是指我们在说话时，把本来可以用长句表达的意思变成短句，使说出的话显得短小精悍、明快有力，更具说服力。

董卿在《朗读者》的开场白中，就运用了许多有特色的短句。比如在第七期“告别”中，她的开场语是这样的：

“海子说：‘我们最终都要远行，最终都要与稚嫩的自己告别。’告别是通向成长的苦行之路。‘山盟虽在，锦书难托。’这是陆游和唐婉之间，痛彻心扉的告别。‘我和谁都不争，和谁争我都不屑，我的双手烤着生命之火取暖，火萎了，我也准备走了。’杨绛先生引述这首诗，平静超然地和这个世界告别。”

之后她说：“告别是结束，也是开始；是苦痛，也是希望。面对告别，最好的态度就是，好好告别。”

短句的作用，在于使语言感情回环往复，增强语句的句势。语言中大量使用短句，即可形成回环往复的气势，说起来也显得节奏分明、铿锵有力，使人从语势上感受到一种壮阔和豪放。

与短句相比，长句无论在气势还是在力量方面，都要逊色一些。所以说，短句是一种提高语言效果的重要方法。

况且，根据不完全统计，我国善于宣传的老一辈革命家，如鲁迅、闻一多，以及当代的教育宣传工作者李燕杰、彭清一、曲啸等，他们所发表的演说，句子长度一般都在 8 个字左右。

而像国外的一些演说大师，如列宁、林肯、丘吉尔等，他们所说的外文语言，

虽然句子稍微长一些，但也都在10个词以内。

从中外演说大家的实践来看，短句确实是一大特色。并且，我们在说话的时候还会借助一些如语调、语速、手势等非语言的表达方式，所以即便句子简短，但仍能细致入微地传情达意。

另外，短句还朗朗上口，有助于记忆。比如“人不犯我，我不犯人”“不是不报，时候未到”“敌退我进，敌驻我扰”……像这些短句，不仅简洁明快，还能给人留下深刻的印象，使人经久不忘。

所以说，想要提高自己的口才，就要注意长话短说，使句子简洁明了、短小精悍。

1858年，林肯在竞选美国参议员的时候，曾在伊利诺伊州南部发表演说。当时，那些蓄养黑奴的恶霸们本来对废除奴隶制的人非常仇恨，对林肯反对奴隶制的行为更是恨之入骨。为了让演说顺利进行，林肯先向那里的人们做了一些工作。

他说：“南伊利诺伊州的同乡们，肯塔基的同乡们，听说在场的人群中有些人要和我作对，我实在不明白为什么要这样做，因为我也是一个和你们一样爽直的平民。那我为什么不能和你们一样，有着发表意见的权利呢？”

然后，他接着说：“我并不是来干涉你们的人，我也是你们中间的一人，我生于肯塔基州，长于伊利诺伊州，正和你们一样，是从艰苦的环境中挣扎出来的，我认识南伊利诺伊州的人和肯塔基州的人，也想认识密苏里的人，因为我是他们中的一个……”

根据听众的情况，林肯简明扼要地把自己与听众的相关情况加以介绍，让对方能快速形成一种“认同感”，从而达到吸引人、感动人、说服人的效果，把可能面对的敌对怒视变为了大声喝彩。不得不说，这确实是一次成功的演说。据说，这番话直接让本来准备与他作对的听众，最后竟然成为了他的朋友。

另外，在运用短句之前，我们最好要有充分的准备。能用短句表达的，决不用长句，或者可以直接把长句化为若干短句。如果有的句子不适合变成短句，就要有吸引人、感动人、说服人成功讲述的过程，以便吸引听众的注意力。

当然，短句虽然显得干脆利落，但这并不代表我们所有语言都要运用短句。说话时，最好能以短句为主，与长句相互搭配。这样一来，我们所说的话会显得更有句式变化，也会更具生动活泼的效果。如此，才能使整句话显得错落有致、富有变化，说起来才会朗朗上口。要想达到这种效果，仅仅记在心里是远远不够的，我们要下意识改变自己平时说话不好的习惯。有计划地读一些演说家的稿子，邀请朋友监督，多参加一些演讲或者辩论赛，这些办法都有利于提升我们的语言表达能力，将长短句的搭配结合运用得更加熟练。

7

语带矜持，尽展优雅女性美

温克尔曼曾说过：“优雅是一种天国的恩赐……它包含在心灵的单纯与宁静之中……它赋予人的一切行为和动作以愉悦感。”事实确实如此，真正的优雅并不是故作姿态，而是一种真诚、踏实的态度。这种态度是对人对事的不虚伪、不狡诈，是一个人性情、气质的自然流露。

有人问董卿：“为什么能在央视众多美女主持中脱颖而出？”董卿调皮一笑。回答道：“这你得问我们领导，我自己说岂不是有自我吹嘘之嫌？”“和别人相比，你的特点是什么？”“我就是我，站在那儿，我就和别人不一样！”这话说得让人眼前一亮，这个优雅端庄笑盈盈的女子很有个性。

社交场合中，语带矜持的女子总能给人一种自信优雅的感觉。对方言谈举止尺寸分明，在矜持中尽显优雅女性的魅力。同时，她又好像随身携带了武器一般，让人不敢轻易冒犯。

对女人来说，年轻确实是一种资本，但那也是最容易逝去的，无情的岁月会带走所有人的美貌。而优雅则是心灵宁静和简单生活的化合物，它与年龄、身份、地位都毫无关系。一个优雅的女子，哪怕到了发苍齿晃的时候，依然能从骨子里散发出优雅的味道。

随着岁月的流逝，我们不能变得更加年轻，但我们却可以修炼优雅，留住魅力。比如董卿，她就是如此，再比如柴静，她也是这样。

身为一名记者兼主持人的柴静，她在节目中总是冷静客观的。比如在介绍自己的时候，她说：“我是柴静，火柴的柴，安静的静。”一句简单的介绍，清晰明了，却着实令人动容。

另外，柴静很担心自己被“娱乐化”。所以她在接受同行采访的时候，总是很谨慎。做过柴静搭档的邱启明，就曾用“得体”二字来形容她。

在柴静的新书发布会上，邱启明问她：“你是一个特别会保护自己隐私的人，但这样更容易有小道消息。如果有人说你跟谁谁谁谈恋爱了，有人传各种消息说你结婚了，碰到这样的问题如何解决？”

“不用解决。”柴静直截了当地回答。

而对于外界给予的“文艺青年”封号，柴静表示：“文艺不是矫揉造作、故作姿态。”

由此可见，优雅的女性美并不是来自于外表，而是来自于她的一言一行，来自于她的礼貌和矜持。假如一个女子天生丽质、貌若天仙，却整日浓妆艳抹、一身名牌，充其量人们只会奉承她阔绰，而不是觉得她优雅。

而一个懂得矜持的女子，说起话来便会温婉悠扬，在和别人交流的时候，绝对不会粗俗不堪、絮絮叨叨，或者是故弄玄虚。矜持的女子总是懂得在什么时候该说什么话、怎么说，也会清楚不该说的话绝对不说。

我们要想让自己语带矜持，同时又尽显女性的优雅，应该注意以下几个方面：

首先，不要用鼻音来表达自己的意见。当一个人用“嗯”“喔”“哦”等鼻子发出的声音，来表达个人意见时，很容易给别人一种“我不受重视”的感觉，是不利于双方交流的。

并且，我们在说话的时候要保持口齿清楚、思路清晰。这就需要我们在说话时不能有太多尾音，每个音节之间都要有恰当的停顿。毕竟没有人会认为一个语言模糊、思路混乱的女子是优雅的。而且，如果一个女子说话总是语无伦次，人们很容易就会联想到，她在生活中很可能是个邋遢的人。

其次，优雅的女性是不会说粗话的，所以我们一定要远离粗俗的话语。要知道，一句粗话会让一个穿着端庄、容貌秀丽的女子的形象顷刻间大打折扣，让别人忘记她所有美丽的东西，只记得这句粗话。

但是，现在有些女人为了追求男女之间处处享有平等，所以在人格特质和行为上喜欢模仿男性讲粗话。于是，女性中出现了大量牙尖嘴利的“粗口一族”。殊不知，一个外表再怎么美丽的女子在讲出一口粗话后，都会像一件被酒鬼吐上了呕吐

物的天鹅绒晚礼服一样，让人觉得恶心和厌恶。

最后，在公共场合中，如果我们为了引起别人的注意就高声说话。虽然会引人侧目，但相信更多人并不是看我们漂亮而夸奖我们，反而是因为我们打扰了他们，从而对我们表示不满。所以，一个有教养的女子，要学会顾及别人的存在，不要大声喧哗，这是对别人最基本的礼貌。

总而言之，在与别人交谈的时候，语言中略带矜持，会让我们尽显女性的优雅，保持美丽。而想让自己一直保持这一点，我们就要学会用最少的语言表达出最多的意思，话要先想好了再说。